먼 길을 가려는 사람은 신발을 고쳐 신는다

지은이 | 윤재근(尹在根)

1936년 경남 함양에서 태어났다.
서울대학교 영문학과를 졸업하고 같은 학교 대학원 미학과에서 석사 학위를, 경희대학교 대학원 국문학과에서 박사 학위를 받았다. 서울 동성고등학교 영어 교사, 계간 《문화비평》, 월간 《현대문학》의 편집인 겸 주간을 지냈으며, 현재 한양대학교 국문학과 명예교수, 한국미래문화연구소 소장으로 있다.

저서: 《詩論》《文藝美學》《東洋의 美學》《문화전쟁》《萬海詩와 주체적 詩論》《萬海詩 님의 침묵 연구》《莊子 철학 우화》(전3권)《論語 愛人과 知人의 길》(전3권)《孟子 바른 삶에 이르는 길》(전3권)《老子 오묘한 삶의 길》(전3권)《古典語錄選》(전2권)《생활 속의 禪》《빛나되 눈부시지 않기를》《뜻이 크다면 한간의 방도 넓다》《어두울 때는 등불을 켜라》《나는 나의 미래를 본다》《살아가는 지혜는 가정에서 배운다》《인물로 읽는 장자》《자벌레는 왜 몸을 움츠리는가》

먼길을 가려는 사람은 신발을 고쳐 신는다

초판 1쇄 발행 | 1998년 1월 20일
개정판 3쇄 발행 | 2006년 11월 20일

지은이 | 윤재근
펴낸이 | 양동현

펴낸곳 | 도서출판 나들목
출판등록 | 제6-483호
주소 | 서울 성북구 동소문동4가 124-2
대표전화 | 02) 927-2345 팩시밀리 | 02) 927-3199
이메일 | nadeulmok@dadeulmok.co.kr

ISBN | 89-90517-42-7 04150

저자와의 협의에 의해 인지는 붙이지 않습니다.
잘못 만들어진 책은 구입한 곳에서 바꾸어 드립니다.

www.nadeulmok.co.kr

먼 길을 가려는 사람은 신발을 고쳐 신는다

윤재근 지음

나들목

■ 지은이의 말

 삶은 온갖 사람과 사물(事物)이 오고가는 큰길이다. 그 길은 통할 수도 있고 막힐 수도 있다. 잘 통하는 삶의 길을 선(善) 또는 행복(幸福)이라고 한다. 잘 통하지 못해 막힌 삶의 길을 악(惡) 또는 불행(不幸)이라고 한다. 어찌하면 삶을 잘되게 하고 못되지 않게 할까? 이 문제는 바로 저마다에게 달려 있는 법이다.

 삶의 길이 선악(善惡)으로 미리 정해져 행복과 불행의 길로 갈라져 따로 있는 것은 아니다. 누구에게나 삶의 길은 한길이다. 다만 저마다 자기를 어떻게 경영하느냐에 따라 행복한 길이 불행한 길로, 불행한 길이 행복한 길로 변하는, 무상(無常)하되 엄격한 길이 된다.

 삶의 길보다 더 복잡하고 다양한 길은 없다. 도심의 네거리에는 복잡한 교통을 정리해 주려고 신호등이 걸려 있다. 이처럼 인생의 길에도 분명 신호등이 걸려 있다. 교통 신호등 불빛이 파랑 노랑 빨강 빛으로 통행을 정리해 주는 것처럼, 삶의 길에도 그런 신호등이 걸려 있다고 생각하면 현명(賢明)하다.

 파랑일 때 통과하라. 노랑일 때 주의하라. 빨강일 때 멈춰라. 삶을 행복하게 이끌려면 네거리 신호등 앞에 서 있는 마음으로 자기를 관리하고 경영하면 삶을 불행하게 하는 온갖 것들을 미리 막아낼 수 있다. 불행은 닥치는데 행복은 저절로 오는 법이 없다. 닥치는 불행을 물리치면 곧 행복하다. 이를 위해 수신(修身)하라. 이는 자신을 잘 관리하고 경영하라는 비책(秘策)의 줄기다.

자신을 잘 관리하고 경영하여 삶에 항상 파란 신호등이 켜지게 할 수 있는 비책은 어디에 있는가? 그것은 자신의 밖에 있는 것이 아니라 바로 저마다 자기 안에 있다. 삶의 신호등을 살피는 눈은 자기의 눈이지 남의 눈이어서는 안 되는 까닭이다. 성찰(省察)하라. 이것이 자기 눈을 뜨고 자신의 삶을 살피는 비책의 실행이다.

성찰은 자기를 잘 살펴 조심해서 자기 인생을 겸허하게 고마워하는 마음을 키워 내는 덕(德)이다. 이 덕은 교통 신호등의 노랑처럼 삶을 주의하도록 한다. 이 덕은 나로 하여금 선한 삶과 악한 삶을 잘 알아보게 하는 눈을 밝게 해 준다. 그러므로 성찰하는 사람은 후회할 삶을 짓지 않는다. 그러므로 날마다 성찰하며 삶을 마주하는 사람은 행복한 삶의 주인이 된다.

자기를 관리하고 경영하는 비책은 지식(知識)으로 조달되지 않는다. 삶의 지혜를 통해 저마다 스스로 찾아낼 수 있을 뿐이다. 그러한 지혜를 일깨워 저마다 삶의 행복을 누릴 수 있도록 하고 싶어 이 글을 마련해 보았다.

| 차 례 |

지은이의 말 • 4

뜻이 넓으면 좁은 방도 천지 같다 • 13
남과 다투지 말고 자신과 싸워라 • 14
매이지 않은 배처럼 흐름에 맡겨라 • 15
부드러운 뜻은 봄바람 같다 • 16
취미는 담백할수록 좋다 • 17
갈대꽃 이불로도 추위를 막는다 • 18
욕심은 마음을 병들게 하는 틀이다 • 19
지극히 훌륭한 사람은 평범하다 • 20
잘한 일은 숨겨라 • 21
조급한 성질이 실패를 부른다 • 22
멈출 줄 알면 지나침이 없다 • 23
세상은 티끌이 아니다 • 24
먼저 마음을 항복받으라 • 25
칼은 칼집에 있는 것이 좋다 • 26
편안함과 즐거움을 바라는가 • 27
은혜를 갚으라고 하지 마라 • 28
이루어 놓은 것을 소중히 한다 • 29
미움은 드러내고 재주는 감춘다 • 30

마음을 활짝 열어 너그럽게 한다 • 31
큰 뜻은 물길 같아야 한다 • 32
겪고 난 다음은 늦다 • 33
행복의 비밀은 간명한 데 있다 • 34
벙어리 저금통처럼 되지 마라 • 35
선(善)을 팔지 마라 • 36
제때를 놓치지 않는다 • 37
사람을 멀리하지 않는다 • 38
삶은 고통의 바다가 아니다 • 39
헛된 마음을 잡아라 • 40
악은 속임수를 일삼는다 • 42
꾀를 낼수록 발목을 잡힌다 • 43
욕심을 낼수록 멀어진다 • 44
현실이 곧 낙원이다 • 45
세 갈래의 명예가 있다 • 46
꼭두각시가 되지 마라 • 47
모든 것은 마음에 달려 있다 • 48
진실로 자유인은 누구인가 • 49

자상한 마음은 우주와 같다 • 50
성급하면 아무 일도 못한다 • 51
지나친 사랑은 원수를 맺는다 • 52
당당하고 떳떳하게 산다 • 53
덕을 기름지게 하라 • 54
심술을 부리지 마라 • 55
자연은 아름다워라 • 56
생명의 진실이란 무엇인가? • 57
사라지고 없는 공룡을 생각해 보라 • 58
소인과 군자는 다르다 • 59
성급히 단정하지 마라 • 60
배움에 앞서 체험하라 • 61
왜 스스로 속을 태우는가? • 62
곧은 마음은 밝다 • 63
자기만을 위한 욕망은 고통이다 • 64
바쁠수록 느긋하게 한다 • 65
선(善)이 되는 욕망이 있다 • 66
증류수는 마실 수 없다 • 67

물은 낮은 곳으로 흐른다 • 68
마음은 낙원도 되고 지옥도 된다 • 69
세운 뜻을 의심하지 말라 • 70
치우침이나 처짐도 없다 • 71
재사(才士)는 되지 마라 • 72
뉘우침은 어리석음을 쫓는다 • 73
대인(大人)은 과시하지 않는다 • 74
가까이하되 물들지 않는다 • 75
삶을 누리는 것이 행복이다 • 76
너와 나를 분별할수록 괴롭다 • 77
해야 할 일이면 갈고 닦는다 • 78
독점할수록 탈이다 • 79
편들기 전에 생각한다 • 80
한순간보다 일생을 생각하라 • 81
명성은 거추장스럽다 • 82
남의 허물은 용서해 주라 • 83
하루라도 우울하게 보내지 마라 • 84
무정하되 매몰차지 마라 • 85

한가롭고 황홀할 줄 아는가? • 86
그저 이루어지는 것은 없다 • 87
욕심은 가시나무와 같다 • 88
수수해야 아름답고 귀하다 • 89
세상이 험한 것은 아니다 • 90
인생은 베짜기와 같다 • 92
선악(善惡)은 마음속에 있다 • 94
모든 일에 솔직하면 된다 • 95
마음이 사물을 만난다 • 96
당당한 사람이 되라 • 97
마음을 집중해 일한다 • 98
무모하면 험하게 된다 • 99
행복은 어디에 있는가? • 100
치졸한 것은 속물이 아니다 • 102
지나친 성취욕은 실패한다 • 104
덕망이 원한을 낳는다 • 106
미워하기는 쉽고 버리기는 어렵다 • 108
아름다운 덕은 넉넉하다 • 110

시비를 멀리할수록 좋다 • 111
더할수록 괴롭고 덜수록 편하다 • 112
차별해 분별하지 말라 • 114
공로와 과실을 혼동하지 말라 • 115
영광은 한가롭지 못하다 • 116
인간의 세상은 변덕스럽다 • 117
마음가짐을 가벼이 않는다 • 118
만족은 황제가 되게 한다 • 119
고집은 마음을 묶어 맨다 • 120
일을 상의할 때는 벗이 되라 • 121
내가 바로 선악(善惡)의 집이다 • 122
성내면 사랑이 줄어든다 • 124
뜨거워진 마음을 차갑게 하라 • 125
인색하면 검소할 줄 모른다 • 126
조급하면 일을 망친다 • 127
왜 나를 버리라 하는가? • 128
대장부는 옛사람이 아니다 • 129

사나운 말도 길들여 부린다 • 130
가난을 무서워 마라 • 131
나를 잃어버리지 않는다 • 132
알맞은 것이 진실이다 • 133
자연은 무한한 자유다 • 134
순결한 마음이 모든 방패다 • 136
마음과 입은 무거울수록 좋다 • 137
마음을 풀어놓지 말라 • 138
부모 마음은 자녀의 뿌리다 • 139
도의에는 변덕이 없다 • 140
일은 이치를 앞서지 못한다 • 141
기쁨과 슬픔은 겹쳐 있다 • 142
고요한 마음이 곧 행복이다 • 143
무엇이 자랑스러운 것인가? • 144
남을 흉볼수록 천해진다 • 145
즐거움은 고독하다 • 146
번거롭다면 물러나라 • 148
어떻게 하면 잘사는 것인가? • 149

왕성할 때일수록 조심한다 • 150
신발이 맞아야 발이 편하다 • 152
욕심은 장님을 만든다 • 154
왜 한결같이 살지 못하는가? • 155
마음이 넓으면 일마다 쉽다 • 156
첫생각을 삼가 신중히 한다 • 157
좋은 두뇌는 맑고 밝다 • 158
참다운 것은 거저 오지 않는다 • 159
고난보다 더 좋은 선생은 없다 • 160
괴로움을 즐거움으로 바꾼다 • 162
올빼미는 썩은 것을 좋아한다 • 163
감정의 흔적을 남기지 말라 • 164
젊음과 늙음은 한 겹이다 • 166
못나면 제 자랑을 한다 • 167
욕망의 불길은 나를 태운다 • 168
자기 단련은 혹독해야 한다 • 169
남의 결함일수록 덮어 준다 • 170
덕은 말을 멀리한다 • 172

너그럽고 검소하면 화목하다 • 174
친구 따라 강남가는가? • 175
마음을 얽어매면 병이다 • 176
고요한 물에 달이 뜬다 • 177
죄는 감추어지지 않는다 • 178
반성은 선행(善行)의 길이다 • 179
베풀되 베풂을 잊어라 • 180
사람을 골라 사귈 것은 없다 • 181
마음을 비우면 행복하다 • 182
고난을 무서워 마라 • 184
자연은 자유다 • 186
재주를 앞세우면 졸렬하다 • 188
집착은 패배의 덫이다 • 190
멀리 갈 사람은 천천히 걷는다 • 192
따뜻한 마음이 행복을 누린다 • 194
뜻을 무겁게 마라 • 195

공 다툼은 치사하다 • 196
관광은 멀리 가지 않아도 된다 • 197
겉과 속이 다르면 거짓이다 • 198
제 몫을 앞세우면 잃는다 • 200
믿으면 의심은 사라진다 • 202
자만과 시샘은 이웃이다 • 204
검소하면 자유롭다 • 206
모나게 분별하지 않는다 • 208
사랑에도 좁고 넓음이 있다 • 210
유별날수록 목숨이 짧다 • 212
행복을 부르지 마라 • 214
마음속을 밝게 하라 • 216
시간을 미루면 꾀가 생긴다 • 218
탓하지 않고 뉘우친다 • 220
큰사람은 누구인가? • 222
너그럽고 두터워라 • 223

날마다 성찰하며 삶을 마주하는 사람은
행복한 삶의 주인이 된다

뜻이 넓으면 좁은 방도 천지 같다

옛날부터 마음의 모습을 방촌(方寸)이라고 했다. 마음이 가로 세로 한 치 크기의 부피를 지니고 있다는 게다. 마음의 부피를 주사위만 한 것으로 생각했던 셈이다.

그러나 마음의 부피는 마음 쓰기에 따라 좁쌀처럼 작을 수도 있고 하늘같이 클 수도 있다. 작은 것은 좁고, 큰 것은 넓다. 마음의 작기나 크기는 마음 쓰기에 달려 있다. 그래서 마음은 신비롭다.

선(善)은 마음을 크게 하고 악(惡)은 마음을 작게 한다. 선은 덕(德)을 실천하게 하지만 악은 덕을 해치는 까닭이다. 악이란 나만을 생각할 때 싹이 튼다. 그 싹에서 사나운 욕심이 피어난다. 제 욕심만 차리면 마음은 좁쌀보다 더 작아진다.

사랑할 줄 아는 마음, 용서할 줄 아는 마음, 도와주는 마음은 항상 넉넉하고 너그럽고 당당하다. 마음 씀씀이에 따라 행복은 오기도 하고 사라지기도 한다. 누구나 행복하기를 바란다. 그러나 행복을 소유하는 것으로 여길 것은 없다. 행복은 소유가 아니라 누림이다.

【 채근담의 말씀 】

마음 씀씀이가 꽁하지 않은 사람은 하루를 천 년처럼 누리고, 뜻이 넓은 사람은 좁은 방도 천지만큼 넉넉하다(機閑者一日遙於千古 意廣者斗室寬若兩間). (후 19)

남과 다투지 말고 자신과 싸워라

일했으면 먹고, 놀았으면 먹지 말라. 이 말씀은 인생이 어떤 것인가를 잘 밝혀 주고 있다. 사람이 산다는 것은 놀이가 아니라 저마다 맡은 바 일하는 것을 뜻한다. 삶을 즐긴다는 것은 열심히 일한 다음에 얻는 선물이다.

누구나 하고 싶은 일이 있고 해야만 하는 일이 있게 마련이다. 하고 싶은 일만 고집하면 저절로 게을러지고, 해야 할 일을 미루지 않으면 저절로 부지런해진다.

일하는 것보다 빈둥거리며 놀고 싶을 때 자신이 두 갈래로 나누어지는 것을 누구나 체험할 것이다. 놀고 싶어하는 자신과 일해야 하는 자신으로 나누어졌을 때 자신과 싸워야 한다.

남의 성공을 부러워하고 시샘하는 사람은 게으름을 감추거나 숨기고 있는 사람이다. 부지런한 사람은 남의 성공을 부러워하되 시샘하지는 않는다. 제 일을 다하기에 분주하기 때문이다. 자신이 게을러지려고 할 때마다 자신과 싸워 부지런한 사람이 되려고 하면 남을 시샘할 겨를도, 남과 시비를 걸어 다툴 필요도 없다. 삶을 크게 보면 사소한 의견 차이나 시비의 다툼은 하찮게 보인다.

【채근담의 말씀】

달팽이 뿔 위에서 아웅다웅 다툴 것인가! 그렇게 해서 이겨 본들 얼마나 되는 세상을 얻을 것인가?(蝸牛角上較雌論雄 許大世界). (후 13)

매이지 않은 배처럼 흐름에 맡겨라

내 고집대로 떼를 쓰거나 억지를 부리면 부릴수록 나는 그만큼 어리석어진다. 세상은 내 마음대로 되는 것도 아니고 또한 내 것도 아니다. 세상은 우리 모두의 것이다.

세상을 바다, 내 몸을 한 척의 배라고 상상해 보자. 매어 둔 배는 바다 위를 돌아다닐 수가 없다. 배를 꼭 매어 두는 밧줄 같은 것이 고집이고 억지다. 그런 밧줄은 사람을 우물 안의 개구리처럼 만든다.

매이지 않은 배는 물길을 따라 이리저리 항해한다. 바다가 잔잔하면 편하게 배를 젓고, 거칠면 힘들게 배를 저으면 된다. 삶의 바다가 잔잔하다고 빈둥거리고, 거칠다고 투덜대면 바보만 된다.

바다 위의 돛단배가 가고 못 가는 것은 바람에 달려 있다. 다만 배가 가야 하는 방향으로 바람의 덕을 입으려고 하면 된다. 돛을 어떻게 잡아 바람을 맞이하느냐에 따라 배는 떠간다. 돛을 바람에 맞추어 잡아 두지 않으면 배는 제 갈 곳을 잃게 된다. 인생도 매양 같다. 억지를 쓰거나 수작을 부리면 하는 일마다 탈이 나는 법이다.

【채근담의 말씀】

칼로 쪼개거나 향을 발라 꾸미거나 해서 수작할 것이 뭐 있는가?(何放刀割香塗). (후 49)

부드러운 뜻은 봄바람 같다

맑은 마음이란 흰 눈벌에 밝은 달빛이 내리는 것 같다. 숨길 것도 없고 감출 것도 없는 마음은 자연이다. 마음을 자연으로 간직하면 투명해 밝고 맑다.

무심(無心)하다, 허심(虛心)하다, 무정(無情)하다……. 이러한 말들을 청소년 시절부터 주목할수록 좋다. 왜냐하면 그 말들은 인간은 하나의 우주와 같다는 사실을 터득하게 하는 까닭이다.

만물의 집을 우주라고 한다. 뜻이 옹색하면 마음의 문을 닫아 두고, 뜻이 넉넉하면 마음의 문을 열어 둔다. 뜻이 모질면 마음은 태풍처럼 불고, 뜻이 부드러우면 봄바람처럼 훈훈하다. 자유롭게 만물을 만나 서로 친하고 사귀며 노닐어야 뜻이 넓게 길을 잡는다.

어느 사물이든 변화한다. 그러한 변화를 항상 새삼스럽게 보고 들어 생각해 보라. 그러면 사람의 마음이 곧 우주이고, 우주가 곧 마음인 것을 터득하게 된다. 자연은 사람의 마음을 부드럽게 하고, 문명은 사람의 마음을 거칠게 한다. 태풍처럼 몰아치려는 문명에서 살수록 자연의 품안을 잊지 말아야 한다. 자연은 삶의 둥지요, 보금자리가 아닌가!

【 채근담의 말씀 】

자연의 변화와 인간의 마음이 한데 어울려 그 사이에 하나의 틈도 없구나!(造化人心混合無間). (후 92)

취미는 담백할수록 좋다

 입맛을 돋우려고 별별 양념을 넣는 것은 사람의 입맛이 간살스러운 탓이다. 강한 맛은 입맛을 자극하지만 결코 오래가지 못한다. 음료수를 물처럼 마실 수는 없다. 강한 맛은 오래가지 못한다.

 맛없는 것이 제일 맛있는 것이다. 냉수의 맛이 그렇다. 흥분만 하고 진정시킬 줄 모르면 강렬한 맛을 탐하다 입맛을 잃게 되는 경우와 같다. 마찬가지로 스릴이 있는 취미만을 탐하면 삶의 맛을 잃어버린다.

 취미라는 것은 삶의 양념과 같은 것이다. 해야 할 일에만 매달리다 보면 짜증도 나고 싫증도 나게 마련이다. 그러나 해야 할 일은 제쳐 두고 취미에만 빠져 버리면 꿀맛에 현혹돼 꿀단지에 빠져 버린 생쥐 꼴이 되기 십상이다. 취미는 일한 다음의 휴식과 같아야 한다.

 강렬한 취미는 흥분제와 같다. 흥분은 마약처럼 마음속을 갉아 폐허로 만든다. 수수한 취미는 어머니의 품안처럼 마음속을 아늑하게 하며 생각하는 길로 안내한다. 취미의 즐거움은 깊은 사색의 거름이 된다. 그대의 취미는 얼마나 담백한가?

【채근담의 말씀 】

짙고 짜릿한 맛은 짧고 담백한 취미만이 참다웁다(固知濃處味常短 淡中趣獨眞也). (후 34)

갈대꽃 이불로도 추위를 막는다

가장 좋은 것을 못 이루었을 때 그 다음으로 좋은 것이 무엇인가를 생각하는 사람은 못 이루었던 것을 이룰 수가 있다. 추위를 막고 따뜻한 잠을 자는 데 꼭 오리털이나 두툼한 솜이불을 덮어야 하는 것은 아니다.

형편을 살펴 최선의 길을 찾아 걷게 되면 목적지를 놓치지 않는다. 그러나 아무 길이나 되는대로 걸어가면 방황일 뿐이다. 방황하는 것은 솜이불이 없다는 핑계로 추위에 떠는 것과 같다.

돈이 없는 가난보다 마음의 가난이 더 험하다. 가난한 마음이 죄를 짓는다. 죄는 인간을 더럽게 한다. 너절한 인간이 되느니 차라리 돈 없는 가난을 택하는 것이 청빈(淸貧)이다.

마음이 부유하면 호주머니가 빌지언정 세상의 사랑을 받는다. 큰 뜻이 있는 자는 세상의 연인이 된다. 어느 누가 세상의 연인이 될까? 세상의 더러움을 말끔하게 치우는 청소부다. 삶을 쓰레기처럼 버릴 것인가 아니면 더러워진 삶을 깨끗이 치울 것인가? 삶의 청소부가 되면 삶이 깨끗하다.

【 채근담의 밀씀 】
댓잎 술잔에 스치는 바람을 읊고 달과 노닐며 세상의 너절함을 역겨워 한다(竹葉杯中 吟風弄月 躱離了萬丈紅塵). 타(躱) (후 39)

욕심은 마음을 병들게 하는 틀이다

《욕망이란 이름의 전차》. 오래된 영화 제목이다. 현대인의 별명을 그렇게 불러도 된다. 욕망의 전차는 인생이란 궤도에서 과속을 일삼고 난폭 운전을 서슴지 않는다.

욕망의 눈, 욕망의 귀, 욕망의 코, 욕망의 입은 온몸을 밧줄로 꽁꽁 묶어 버린다. 욕망을 탐하면 부자유가 쌓이고 욕망을 버리면 자유가 열린다. 부자유는 몸부림을 치게 하고 자유는 노닐게 한다.

욕망이란 돌개바람에 불과하다. 돌개바람은 오래 불지 못하고 먼지만 뿌린다. 그대는 돌개바람처럼 날리다 먼지로 떨어질 것인가? 그렇다면 욕망의 전차에서 내리지 마라.

그러나 들판의 풀꽃처럼 인생이란 꽃을 피울 것인가? 그렇다면 욕망이 들끓는 전차에서 빨리 내릴수록 좋다. 그 전차에서 어떻게 내릴까? 탄 것도 나였으므로 내리는 것도 나여야 한다.

【 채근담의 말씀 】

귀와 눈, 코와 입은 모두 굴레이며, 정욕과 기호는 마음을 병들게 하는 기계다(耳目口鼻皆桎梏 而情慾嗜好 悉機械矣). (전 146)

지극히 훌륭한 사람은 평범하다

 날카로운 송곳은 두꺼운 것을 뚫지 못한다. 꿀맛이 아무리 달아도 연달아 마시면 쓴내가 난다. 맛있는 고기라도 연거푸 먹으면 역겨워진다. 생활이 꿀맛처럼 되기를 바라면 지친다. 고기맛처럼 되기를 원해도 험하게 된다. 질기면 모질고, 살찌면 우둔하다. 곰삭으면 군내가 나고, 매운맛은 눈물을 흘리게 한다. 하루하루를 담백하게 보내라. 담백하면 싫증 따위는 말끔히 없어진다. 큰 뜻을 품고 있는 사람의 생활은 간결하다.

 생활이 간결하면 사물(事物)이 밝게 보인다. 사물 속에는 무수한 보물이 있다. 그 보물들이 상상력을 낳는다. 상상력을 낳는 마음은 수수하다. 수수한 마음의 눈이 사물을 만나기 때문이다.

 온 세상을 위해 큰 일을 이룬 분들의 생활은 수수했다. 사치스럽고 호화로운 생활은 통 안에 갇힌 다람쥐처럼 사람을 시달리게 한다. 무엇에든 시달리는 사람은 시간을 팽개쳐 버린다. 시간을 낭비하는 것보다 더 번거로운 것은 없다. 생활을 수수하게 하고 큰 뜻을 이루자면 한눈을 팔아서는 안 된다. 마음을 집중하면 저절로 마음은 담백해진다.

【채근담의 밑씀】

지극히 훌륭한 사람일수록 평범하게 산다(至人只是常). (전 7)

잘한 일은 숨겨라

 자기 자랑은 자기를 과시하는 것에 불과하다. 과시하는 것은 자기를 좀 알아달라고 구걸하는 꼴이다. 여치 앞에서 힘을 과시하는 사마귀는 까치의 밥이 된다. 겸허한 자는 비굴할 수가 없다.

 남에게 잘한 일이 있을 때 그 일을 숨기면 그 도움은 고마움이 된다. 고마워하는 마음은 아름답다. 그러나 생색을 내 공치사를 하면 도운 일이 위선이 되기 쉽다. 위선보다 더 추한 것은 없다.

 남의 마음을 아름답게 하는 사람은 자기 허물을 깊이 생각하는 버릇이 있다. 남의 허물을 찾아내 흉보기를 좋아하는 사람은 제 허물을 되돌아볼 줄 모른다. 그러므로 스스로의 허물을 잡아 아프게 뉘우칠수록 그만큼 여문 열매가 된다.

 열매라고 다 씨앗을 지니는 것은 아니다. 오로지 여물어야 열매도 씨앗을 지닌다. 모든 씨앗은 사랑의 약속이며 희망이다. 생명이 창조되는 곳이 곧 씨앗인 까닭이다. 인간의 마음도 사랑을 창조하면 그 마음이 곧 삶의 씨앗 구실을 한다. 삶을 사랑하는 사람은 세상을 소유하려고 하지 않는다. 내가 가지려고 하면 남도 그렇게 하려고 함을 안다.

【 채근담의 말씀 】

남에게 은혜를 입었거든 잊지 말고, 원망이 있거든 반드시 잊어버려라(人有恩我不可忘 而怨則不可不忘). (전 51)

조급한 성질이 실패를 부른다

 소나기는 온종일 오지 않는다. 돌개바람은 한순간을 불고 만다. 멀리 보려고 발꿈치를 들면 오래 서 있을 수 없다. 빨리 가자고 발걸음을 성큼성큼 내딛는 사람은 멀리 가지 못한다. 성급한 마음이란 이와 같다.

 서두르면 일의 실마리를 잃는다. 일이 얽히면 풀리지 않는다. 찬물도 쉬엄쉬엄 마셔라. 목마르다고 허겁지겁 마시면 사레들려 갈증을 풀지 못한다. 이처럼 조바심을 내면 되는 일이 없다.

 아는 길도 물어서 간다. 느긋하고 차분한 사람은 일을 빈틈없이 치른다. 느긋해야 생각이 차례를 얻고, 차분해야 판단의 잘잘못을 가려낼 수 있는 까닭이다. 깊은 생각이 튼실한 이해를 낳고, 튼실한 이해가 틀림없는 판단을 내리게 한다.

 아이디어는 고요한 물에 어린 그림자처럼 생각이 선명해야 떠오른다. 바람이 불어 일렁이는 물처럼 마음이 어수선하면 생각의 조각들이 바람에 날리는 눈송이처럼 부산하기만 할 뿐이다. 그러면 생각 없이 사는 것과 같다. 그러므로 마음이 화평하고 순순해야 한다. 격정을 잠재울 수 있는 사람은 생각하는 주인이다.

【 채근담의 말씀 】

성질이 급하고 마음이 거친 사람은 아무 일도 못하지만, 마음이 고요하고 기질이 순순한 사람에게는 행복이 저절로 온다(性燥心粗者一事無成 心和氣平者百福自集). (전 209)

멈출 줄 알면 지나침이 없다

배고프다고 실컷 먹으면 배탈이 난다. 식탐이 많아 분에 넘치게 먹어도 식곤증에 걸려 아둔하게 된다. 알맞게 먹어야 뱃속이 편안하다. 그렇게 하려면 더 먹고 싶을 때 수저를 놓아야 한다.

부드럽고 맛있는 것만 골라 먹으면 위는 편하지만 창자는 싫어한다. 질긴 채소를 먹으면 위는 부담을 받지만 창자는 편하다. 그래서 입이 탐하는 음식은 창자를 짓무르게 하고 뼈를 썩게 한다는 게다. 골고루 알맞게 먹는 것이 식성의 건강이다.

술주정꾼은 술취하는 데 미쳐 몸을 망치고, 아편쟁이는 마약의 환각에 빠져 몸을 망친다. 탐욕이 몸을 망치는 것이다. 건강한 마음은 치우침이 없으면 된다. 마음을 알맞게 쓰면 치우침의 덫에 걸려들지 않는다. 이는 욕망을 잘 다스리는 마음을 뜻한다.

절제(節制)는 행동하기 전에 생각하는 버릇에서 비롯된다. 그런데 욕망은 생각을 밀어내고 행동을 앞세우려고 한다. 여기서 치우친 일들이 비롯된다. 말은 늦게 하고 생각을 먼저 하라. 이것이 마음을 건강하게 하는 비결이다. 왜 인간은 이러한 비결을 터득해야 하는가? 마음이 건강해야 몸이 튼실해지기 때문이다.

【 채근담의 말씀 】

너무 탐하지 말고 한 오 분쯤 멈추면 뉘우침은 없어진다(五分便無悔). (전 104)

세상은 티끌이 아니다

 하늘은 맑고 산은 푸르다. 물은 맑고 풀은 푸르다. 돌에는 파란 이끼가 돋고 들꽃들이 향기를 풍긴다. 산새가 지저귀고 바람이 상큼하게 분다. 산에 올라 야호 하면 산골은 메아리로 응답해 준다. 이처럼 자연은 아름답다. 그러나 인간은 이러한 자연을 멀리한다.

 인간의 세상이 자연과 더불어 있다면 맑고 깨끗하다. 그러나 인간이 세상을 더럽힌다. 자연은 어느 것 하나 더럽히지 않는다. 인간이 세상을 더럽히면서 더럽다고 투정한다. 세상을 더럽히는 것은 인간의 욕심이다.

 제 욕심을 부리면 더럽게 된다. 인간이 저마다 제 욕심을 앞세워 서로 다투므로 세상은 더럽게 된다. 저마다 명성과 이익을 노리는 욕망에 사로잡혀 나를 취할수록 더럽게 됨을 모른다. 남이 잘되면 배 아파하는 것이 욕심의 시샘이다. 그러나 큰사람은 욕심이 적다. 욕심이 많은 사람은 큰일을 할 수 없다. 욕심은 인간을 작게 하는 까닭이다.

【 채구담의 말씀 】

세상은 티끌이 아니다. 바다도 괴로움이 아니다. 다만 인간 스스로가 마음을 티끌과 괴로움으로 지닐 뿐이다(世亦不塵 海亦不苦 彼自塵苦其心爾). (후 121)

먼저 마음을 항복받으라

왜 참는 자에게 복이 오는가? 참을 줄 알면 스스로의 마음을 다스릴 줄 아는 까닭이다. 마음을 다스리면 사악(邪惡)한 것들이 발을 붙이지 못한다. 그러면 마음을 항복받는 것과 같다.

객기(客氣)는 허물을 쌓는다. 허물은 만용이 빚어내는 흠이다. 마음이 이러한 흠집을 내면 남의 마음에 상처를 입힌다. 그래서 심하면 객기가 살기(殺氣)로 표변한다.

시달리게 하는가 아니면 편하게 하는가? 이렇게 자문(自問)한 다음 편하게 하려는 마음을 먹으면 객기 따위는 쉽게 항복시킬 수 있다.

해치려고 하는가 아니면 도우려고 하는가? 이렇게 자문한 다음 도우려는 생각을 하면 살기를 항복시킬 수가 있다.

사랑을 주려고 하는가 아니면 받으려고 하는가? 이렇게 스스로에게 물어보라. 그리고 사랑을 주기를 원한다면 곧장 사납게 날뛰던 마음은 고요한 저녁 하늘처럼 찬란해진다. 마음을 찬란하게 누려라. 그러나 마음을 들뜨게 하지는 말아야 한다. 텅 빈 마음에서 사랑이 싹을 틔우는 까닭이다.

【 채근담의 말씀 】

몹쓸 것을 항복받으려면 먼저 제 마음을 항복받으라(降魔者先降自心). (전 38)

칼은 칼집에 있는 것이 좋다

 한편이 이로우면 다른 편이 해로울 수 있다. 어느 편도 해롭지 않다면 이롭다는 것도 없어지고, 어느 편도 이롭지 않다면 해롭다는 것도 없어진다. 이를 두고 공평하고 무사하다고 한다.

 내 편을 들어주면 좋고 들어주지 않으면 토라지는 사람은 패를 짓는다. 패를 짓게 되면 다른 패를 만나게 된다. 이 패 저 패로 갈라져 시비를 걸면 생각도 무사하지 못하고 행동도 무사하지 못한다.

 의견 다툼이나 싸움은 사람을 사납게 한다. 이기고 지는 일보다 더 사람을 잔인하게 하는 것은 없다. 그래서 한 장수가 공을 이룸에는 수만 사람의 뼈가 마른다고 하지 않는가.

 칼집에서 칼을 뽑지 말라. 칼이야 칼집에서 천만 년을 썩은들 아까울 것이 없다. 다투며 싸우는 것은 칼을 뽑아 칼질을 하려는 것과 다를 바가 없다. 목숨을 해치는 용맹성이란 칼을 휘두르는 것과 같다. 마음이 성난 맹수처럼 되려고 할 때 한 번 더 생각해 보고 심호흡을 하라.

【 채근담의 말씀 】

세상이 항상 화목하자면 칼이야 칼집에서 천 년을 썩어도 좋다(天下常令萬事平 匣中不惜千年死). (후 128)

편안함과 즐거움을 바라는가

 경쟁의 시대이므로 모든 일에 남보다 앞서야 하는가? 그렇다고 다짐하는 사람은 편할 수도, 즐거울 수도 없다. 누구에게나 한 가지 재주는 있게 마련이다. 그 재주를 아끼는 사람은 그 재주를 남과 겨루려고 하지 않는다. 굼벵이는 구르는 재주 하나로 먹이를 찾을 수 있다.

 남에게 보여 주려고 재주를 부리면 시샘을 불러온다. 남보다 잘난 척하는 것은 먼지 속에서 옷을 터는 짓과 같고 흙탕물 속에서 발을 씻는 것과 같다.

 한 발 물러설 줄 아는가? 그러면 초연할 수 있다. 초연하면 보이지 않던 것이 보이고 들리지 않던 것이 들리며 막혔던 생각이 트인다. 그러나 남보다 앞서려고 발버둥치다 보면 제 재주를 잃어버린다. 굼벵이가 구르는 재주를 잃는다면 굶어 죽을 것이 아닌가!

 남을 이기려고 하지 말라. 대신 자신을 이기려고 하라. 그러면 패배란 없다. 오로지 승리만 있을 뿐이다. 진정한 승리는 밖에 있는 것이 아니라 바로 자신의 내면에 있다. 이것이 세상살이에서 한 발 물러서는 슬기다.

【 채근담의 말씀 】

세상살이에서 한 발 물러설 줄 모르면 불나방이 촛불에 뛰어드는 것과 같고, 숫양의 뿔이 울타리에 걸려 있는 꼴과 같다(處世不退一步處 如飛蛾投燭 羝羊觸藩). 저(羝) (전 43)

은혜를 갚으라고 하지 마라

덕을 베풀었다면 남들이 모를수록 좋다. 베풀었다고 자처하면 공치사를 하는 짓이다. 그런 짓은 덕을 자기 자랑거리로 이용하는 것에 불과하다. 남들로부터 칭찬을 받고자 선한 일을 한다면 한 조각의 당근에 팔려 더 빨리 달리는 말처럼 된다.

사람이 사람을 돕고 보살피는 것은 당연하다. 어버이가 자식을 사랑하고 자식이 제 부모를 섬기는 것은 당연한 일이다. 효자상을 만들어 효도를 칭송하는 것은 그만큼 어버이를 섬기지 않는 세상임을 웅변해 준다. 당연한 일이 새삼스러운 것이 될 때 그 세상은 잘못되었다고 할 수 있다.

은혜를 저버린 놈이라고 욕하는 사람은 베푸는 것을 팔고 사는 것처럼 생각한다. 은혜의 보답을 바라는 것은 덕을 팔아 인심을 사려는 속셈이다. 덕을 미끼로 삼는 것은 은혜를 앙갚음으로 만들고 만다. 앙갚음은 서로 다시 원수를 짓게 한다.

【채근담의 말씀】

베푸는 자가 은혜를 자처하고 은혜를 입은 자가 고마움을 갖게 하는 것은 장사꾼 속셈에 떨어지는 꼴이다(如施者任惠 受者懷思 便成市道矣). (전 133)

이루어 놓은 것을 소중히 한다

생활을 충실하게 엮는 사람은 다음처럼 자신과 침묵의 대화를 갖는 순간이 잦을 것이다.

"나는 어제를 기억하다 오늘을 잊어서는 안 된다. 내일을 꿈꾸다 오늘을 허비해서도 안 된다. 어제 한 일을 살피고 오늘을 만나는 것이 나에게 낫다. 오늘의 일이 다시 내일로 이어진다는 것을 헤아리면 내일을 불안해하지 않아도 된다.

나는 어제를 뉘우치느라 오늘을 소모하지 않는다. 어제의 허물이 오늘의 일을 멈추게 할 수 없다. 어제의 허물이 오늘을 괴롭히면 나는 또다른 허물에 걸려든 셈이다. 왜냐하면 내가 나를 학대하는 꼴이기 때문이다."

충실한 생활은 하루를 어떻게 보내느냐에 달려 있다. 어제를 보낸 것처럼 오늘을 되풀이하는 것은 생활을 새롭게 하지 못한다. 오늘을 새롭게 만나면 내일 역시 새롭게 다가온다. 이는 자신이 생각하고 행동한 것을 항상 이해하고 판단하려고 할 때 이루어지는 생활 태도다. 생활 태도를 어떻게 조율(調律)해야 할까? 항상 생각하고 행동하면 삶은 조율된다.

【채근담의 말씀】

이루지 못한 일을 꾀하는 것은 이루어 놓은 일을 잘 유지하는 것만 같지 못하고, 지나간 허물을 뉘우치는 것은 다가올 잘못을 예방하는 것만 같지 못하다(圖未就之功 不如保已成之業 悔旣往之失 不如防將來之非). (전 80)

마음은 드러내고 재주는 감춘다

음흉한 마음은 그 모습을 감추고, 비밀이 많은 마음은 곁눈질을 하고 눈치를 살핀다. 그러나 떳떳한 마음은 항상 맑은 하늘처럼 분명하다. 분명한 마음은 당당하고 걸림이 없다.

군자는 누구인가? 마음을 항상 드러내 놓고 사는 자다. 사랑하고 돕고 보살피는 마음만 쓰는 자를 군자라고 하는 게다. 해롭게 하려고 하면 마음은 숨어야 하고, 자기 이익을 노리면 마음을 감추어야 한다. 자기보다 남을 먼저 생각한다면 마음속은 밝은 대낮 같다.

군자의 마음 바탕은 푸른 하늘과 밝은 햇살 같다는 게다. 제 욕심이 없는 까닭이다. 이러한 마음 바탕은 세상에 널리 알려질수록 좋다. 간디 같은 사람, 슈바이처 같은 사람, 테레사 수녀 같은 사람 등이 군자 같은 분이다. 군자에는 성별이 없다. 마음을 어떻게 쓰느냐에 따라 군자도 되고 소인도 된다. 소인은 제 재주를 자랑하고 군자는 사랑하는 마음을 드러낸다. 군자는 행복을 베풀고 소인은 행복을 훔쳐 제 것으로 소유하려고 한다. 소유할수록 불행이 겹치고 베풀수록 행복은 함께한다.

【 채근담의 말씀 】

군자의 재주는 옥이 돌자갈에 쌓여 있고 구슬이 돌 속에 감춰져 있는 것과 같다. 재주를 남에게 자랑해서는 안 된다(君子之才華 玉韞珠藏 不可使人易知). (전 3)

마음을 활짝 열어 너그럽게 한다

 물 컵에 물을 가득 담지 않는다. 컵의 절반을 비워 두는 것은 물을 쏟지 않고 마시게 하려 함이다. 마시는 물이 넘쳐 입 언저리에 묻어나고 옷섶을 적시면 볼썽사납게 된다.

 욕심꾸러기는 마음을 음큼하게 갖는다. 음큼한 마음은 물을 가득 채워 둔 물 컵과 같다. 물이 넘쳐 버릴지언정 목마른 자에게 베풀 줄 모르는 사람을 욕심쟁이라고 한다. 이처럼 인색한 사람은 욕심이 꽉 들어차 숨막힐 정도로 옹색하다.

 남을 험담하지 말고 칭찬해 줄 것을 찾는 것이 편안하다. 투정하고 불만을 품는 것은 좁은 마음이 토해 내는 연기와 같다. 마음이란 불 붙은 장작처럼 될 수도 있고 다 타 버린 재처럼 될 수도 있다. 편견이나 독단은 있는 대로 다 태워 마음속에서 비워 내라. 그러면 마음에 빈 곳이 생길 것이다. 그 빈 곳은 사랑의 자리, 용서의 자리다. 너그럽고 넉넉한 사람은 마음에 빈자리가 큼직해 원망을 사지 않는다. 좁은 마음은 욕심이 가득해 세상을 밝게 볼 수가 없고 남을 아프게 한다.

【 채근담의 말씀 】

살면서 마음속을 열어 너그럽게 하고 남들이 불평하지 않게 하며 죽은 뒤에 베푼 일들이 길이 흐르도록 하라(生前的心地 要放得寬 使人無不平之歎 身後的惠澤要流得久). (전 12)

큰 뜻은 물길 같아야 한다

한마음은 뜻을 한곳으로 모은다. 딴전을 피우며 하는 일이 제대로 될 리 없다. 눈길일수록 발자국을 따라간다. 그렇지 않으면 넘어져 낭패를 당한다. 염불에는 뜻이 없고 잿밥에만 눈을 팔면 돌팔이 중이 된다. 돌팔이 인생을 꾸리는 자가 따로 있는 것은 아니다.

함부로 부러워하는 마음을 내지 말라. 옛 사람들이 왜 이렇게 말해 두었을까? 욕심의 너울에 걸려들기 쉬운 까닭이다. 마음의 바다를 거칠게 하는 것도 나이고 잔잔하게 하는 것도 나다. 마음을 다스리는 데 남을 동원할 필요는 없다.

큰 뜻을 청운(靑雲)이라고 한다. 파란 하늘에 떠가는 구름을 보라. 자유롭다. 마음이 그런 자유를 누리지 못하면 큰 뜻을 이룰 수가 없다. 본래 나는 자유인데 내가 피우는 욕심이 나를 구속한다. 품은 뜻을 욕심의 밧줄로 묶어 놓지 마라. 그러면 욕망의 종이 되고, 나는 더럽고 천한 처지에 몰린다.

【 채근담의 말씀 】

한 번이라도 집착하는 마음을 드러내면 곧 뒤따라 위기가 닥쳐오게 된다(若一有貪著便隨危機). (전 46)

겪고 난 다음은 늦다

 소 잃고 외양간 고친다. 이것은 어리석은 일이다. 새로 소를 사서 들여놓지 않는 한 고친 외양간은 텅 비어 있을 뿐이다. 잃기 전에 단도리를 단단히 했더라면 소를 도둑맞지 않았을 것이다. 잃어버리고 찾는 것은, 없었던 것으로 단념하는 것만 못하다.

 건강을 잃고 나서 건강의 고마움을 아는 것 또한 어리석은 일이다. 마음을 맑게 하면 울화병이 나지 않을 것이고, 몸을 단정히 돌보면 골병이 들지 않는다.

 실패한 다음 성공하려고 가시 방석에 앉아 쓰디쓴 쓸개를 핥는 마음도 딱하다. 전력을 다했다면 실패가 아니다. 온 힘을 다해 정성을 쏟는 사람은 행운을 바라지 않는다. 행운이란 절망의 씨앗일 뿐이다. 삶은 기다리는 것이 아니라 맞이하는 것이다.

【채근담의 말씀】

행복을 바라기에 앞서 그것이 재앙의 뿌리가 됨을 알라(倖福而先知其爲禍之根). (후 98)

행복의 비밀은 간명한 데 있다

생활을 간명하게 하면 행복은 저절로 가까워진다. 무엇을 원하거나 갖고 싶어하면 그만큼 행복은 멀어진다. 돈이 많으면 행복할 것이라고 생각한다면 행복은 아예 멀리 달아난다.

행복은 살 수 있는 것이 아니다. 행복을 사려고 하면 오히려 불행을 사들이게 된다. 행복은 팔 수 있는 것도 아니다. 행복하게 해 준다고 말하지 말라. 원망을 사는 짓에 불과하다.

진실은 수수하다. 겸허하면 검소하다. 당당하면 떳떳하다. 깨끗하다면 씻어 낼 것이 없다. 행복이란 이런 것들이다.

돋보이게 하자면 꾸며야 한다. 꾸미는 것은 숨길 것을 부른다. 숨길 것이 있다면 감추는 것이다. 이런 것들이 불행을 불러온다.

행복하고 싶은가? 그렇다면 간명하게 처신하고 간결하게 매듭지어라. 그러면 사는 일이 얽히지 않는다. 이것이 행복의 비결이다. 의심이 많은 사람은 간결할 줄을 모른다.

【채근담의 말씀】
시골 사람은 헌옷이나 베잠방이를 이야기하면 좋아하되 멋있는 예복은 알지 못한다
(田夫野叟 語以縕袍短褐 則油然樂).(후 101)

벙어리 저금통처럼 되지 마라

인간의 됨됨이를 상징하는 그릇이 두 개 있다. 하나는 의기(欹器)이고 다른 하나는 박만(撲滿)이다. 의기는 비면 넘어지고 반쯤 들어 있으면 안전하며 가득해도 넘어지는 그릇이다. 박만은 벙어리 저금통 같은 그릇이다. 깨뜨리지 않으면 담긴 것을 끄집어낼 수 없다. 쓸모 있는 그릇이 되려면 물건을 담아도 넘어지거나 깨지지 않아야 한다. 넘어지지 않는 인간은 제 길을 꿋꿋이 가는 주인이며, 깨지지 않는 인간은 승패의 갈림길을 미리 피할 줄 아는 자다. 인생에 승자가 있고 패자가 있다고 여기지 마라. 인생은 스포츠가 아니다.

자기를 닦아라〔修己〕. 이는 자기를 엎어지지 않게 하라는 뜻이다. 자기를 이겨내라〔克己〕. 이는 자기를 깨지지 않게 하라는 뜻이다. 넘치지도, 처지지도 않게 하라. 이것이 중용(中庸)이다.

마음속이 뜻 없이 비어 있거나 욕심으로 꽉 차면 의기 같아 엎어진다. 엎어진 인간은 큰 뜻을 품을 수 없다. 마음속이 욕심으로 꽉 차게 되면 벙어리 저금통처럼 깨지고 만다. 욕심을 절제할 줄 아는 사람은 처져도 안 되고, 넘쳐도 안 됨을 안다.

【채근담의 말씀】

기기(欹器:그릇)는 꽉 차면 엎어지고, 박만(撲滿:벙어리 저금통 같은 통)은 비어 있으면 깨지지 않는다(欹器以滿覆 撲滿以空全). (전 63)

선(善)을 팔지 마라

 선(善)은 베푸는 데 있다. 대가를 바라면 베푸는 것이 아니다. 그냥 도와주고 보살펴 주라. 돕고 보살피는 마음이 곧 서로를 이해하게 하는 다리를 놓는다. 그러면 마음과 마음이 통한다. 그렇게 통하게 하는 것이 곧 선이다.

 악은 숨통을 막고 선은 숨통을 연다. 악은 목숨을 해치는 것이고 선은 목숨을 소중히 하는 것이 아닌가! 그래서 선은 고마움을 낳는다. 선한 마음은 언제나 조촐하다.

 건방지고 오만한 사람은 선을 행하기보다 선을 팔기를 좋아한다. 선을 무슨 물건처럼 생각하고 이익을 붙여 팔려고 하는 선행은 위선에 불과하다. 탈을 쓴 마음보다 더 음흉하고 더러운 것은 없다. 선행(善行)을 선전하려고 고아원을 운영하는 사람은 뒤로는 고아들을 학대하게 마련이다. 선행을 팔아 이익을 남기려고 하는 까닭이다. 이러한 것을 우리는 악덕(惡德)이라고 한다. 덕을 앞세워 사기를 치는 사람은 하늘 아래 어디서도 용서를 받지 못한다.

【채근담의 말씀】

선행을 보고 제 사욕을 채우려고 엿보거나, 선한 말을 듣고 제 잘못을 감추려고 수작을 부리는 것은 원수에게 병력을 주는 것과 같고, 도적에게 양식을 대 주는 것과 같다(見一善行窺以濟私 聞一善言假以覆短 是 又籍寇兵而齊盜糧). (전 54)

제때를 놓치지 않는다

 일마다 앞뒤가 있다. 아침에 일어나 밥을 먹고 난 다음 세수를 하지 않는다. 세수를 먼저 하고 밥을 먹는다. 이처럼 시간을 아껴 쓸모 있게 하자면 일의 순서를 어기지 말아야 한다.

 사람은 시간을 낭비하는 유일한 존재다. 다른 생물들은 어김없이 시간을 보내고 맞이한다. 한 그루의 나무를 보라. 초목은 저마다 봄에 할 일은 봄에 다하고 여름으로 미루지 않는다. 짐승도 마찬가지다. 가을이 되면 산짐승은 겨울나기 준비를 단단히 한다. 그러나 인간은 해야 할 일을 미루고 둔전거리다 시간이 지나면 변명을 늘어놓는다.

 일을 미루면 맞추어 해야 할 시간을 잃은 것과 같다. 뒤늦게 부산을 떨고 분주하게 수선을 피우면 일이 제대로 될 수가 없다. 시간을 낭비하면 마음이 성급하게 돼 거칠게 일을 처리해 버려 그렇게 된다. 이러한 경우는 일보다 놀이에 마음을 팔았거나 아니면 게으름을 피운 뒤끝에 오는 탈이다. 탈이 나면 고통이 뒤따라온다. 뒤늦게야 성화를 부리는 사람은 언제나 소 잃고 외양간을 고친다.

【채근담의 말씀】

낮에 할 일을 미적거리다 밤늦게 쏘다니는 짓은 썩은 선비가 고통의 바다에 빠지는 것과 같아 가소롭다(猶然夜行不休 笑俗士沈身苦海). (후 103)

사람을 멀리하지 않는다

세 사람만 모여도 그중에 선생이 하나 있다. 선한 사람이 있다면 선을 본받으면 되고, 악한 사람이 있다면 악을 멀리해야겠다고 다짐하면 그만이다. 백로라고 해서 까마귀 싸우는 곳을 피해 갈 것은 없다.

사람을 가려서 만날 것도 없다. 좋은 사람을 만나면 왜 좋은가를 새기면 되고, 나쁜 사람을 만나면 왜 나쁜가를 헤아리면 된다. 그러나 왜 나쁜 것인가를 헤아리지 못하면 물들기 쉽다. 그래서 나쁜 것을 피하라고 한다. 피해서 물들지 않는 것보다 그 속에 섞여서도 물들지 않음이 더욱 대견하다.

대견한 사람은 마음을 다한다. 마음을 다한다고 함은 스스로에게 정직하고 성실함을 뜻한다. 남을 속이는 사람은 먼저 자기를 속인다는 것을 뼈저려 하는 마음이라면 다하는 마음이다. 마음을 다하는 사람에게는 적이 없다. 누구에게나 마음속을 열고 삶의 길을 막지 않고 트는 비밀은 어디에 있을까? 밖에 있는 것이 아니라 바로 자기 마음속에 있다.

【 채근담이 말씀 】

삶의 길은 세상을 건너는 길 속에 있다(出世之道卽在涉世中). (후 41)

삶은 고통의 바다가 아니다

 삶을 고통이라고 한다. 그러나 이 말은 곰곰이 살펴 들어야 한다. 삶이 인간을 고통스럽게 한단 말인가, 인간이 삶을 고통스럽게 한단 말인가?

 목숨을 누림에 있어 사는 일보다 더 중한 것은 없다. 들에 핀 풀꽃을 보라. 거칠고 딱딱한 흙에서 풀뿌리는 어떻게 부드러운 꽃잎을 만들 재료를 찾아낼 수 있었을까? 참으로 신비롭다.

 사실 그 자체는 냉정하지만 그 사실을 이루어 주는 것들을 살펴볼수록 경이감을 느낄 것이다. 풀꽃을 보고 풀뿌리를 생각한다면 풀꽃의 아름다움은 무엇의 덕일까? 풀뿌리만은 아닐 것이다. 풀잎과 풀줄기 등을 다 포함해야 할 것이다.

 민들레꽃은 민들레의 소망이다. 소망하되 그 소망을 욕망으로 얽어매지 않으면 인생이 아름답다. 사나운 욕망은 삶을 얽어매는 굴레다. 마음에 이는 욕망을 다스리면 굴레를 벗어날 수가 있다. 삶을 어렵게 엮어 제 욕심대로 요리하려고 하면 할수록 살맛을 빼앗기는 꼴이 된다. 그렇지 않고 풀꽃처럼 향긋하고 상큼한 삶을 피울 수 있는 사람은 삶을 짐으로 지지 않는다.

【 채근담의 말씀 】

마음 씀씀이가 쉬면 문득 마음속에 달이 떠 은은하고 산들바람이 불어온다(機息時便 有月到風來). (후 110)

헛된 마음을 잡아라

법이 무서워 못한다고 하는가? 그렇다면 이미 법을 어긴 것이다.

남의 눈이 무서워 못한다고 하는가? 그러면 이미 험한 짓을 범한 것이다.

사람의 마음은 가만히 있는 것이 아니라 한사코 사물을 향해 움직이게 마련이다. 느끼는 것, 생각하는 것, 이해하는 것, 판단하는 것 등등이 곧 마음이 움직이는 것이다.

움직이는 것은 무엇이나 힘을 필요로 한다. 물레방아는 물의 힘을 빌려서 움직이고, 자동차는 휘발유의 힘을 빌려서 달린다. 마음도 움직이자면 힘을 얻어야 한다. 마음을 움직이게 하는 힘을 기(氣)라고 한다.

마음이 힘(氣)을 남용하면 그것을 객기(客氣)라고 한다. 거만한 마음, 방정맞은 마음, 뽐내는 마음, 가벼운 마음 등등이 객기의 무리들이다. 객기는 과속하다 폭주하는 차량과 같다. 객기의 마음은 움직일 때마다 탈을 부린다. 객기는 사고를 내고 찌그러진 채로 길가에 버려진 자동차처럼 사람을 버리게 한다.

마음이 힘을 올바르게 쓰면 그것을 정기(正氣)라고 한다. 맑고 푸른 가을 하늘에 띠가는 구름처럼 정기는 마음을 움직이게 한다. 정기는 걸림 없이 유유하고 넉넉하며 너그럽다. 정기는 사랑의 힘이요, 믿음의 힘이며 벗과 함께 나누는 정에서 드러난다.

헛된 마음〔妄心〕은 마음을 함부로 하는 짓〔客氣〕에서 나오고, 참된 마음〔眞心〕은 마음을 소중히 하는 것〔正氣〕에서 나온다.

【 채근담의 말씀 】

뽐내고 건방진 것치고 객기 아닌 것이 없다(矜高倨傲 無非客氣). (전 25)

악은 속임수를 일삼는다

악은 감추려고 하지만 결국 억지로 드러난다. 그러나 선은 숨지만 저절로 드러난다. 인간은 이러한 진실을 역으로 이용하려고 잔꾀를 부리는 유일한 동물이다.

인간에게만 악이 있다. 가시나무의 가시는 다른 나무를 해치기 위해 있는 무기가 아니다. 가시나무는 제 몸을 보호하려고 가시를 달고 있을 뿐이다. 풀밭에서는 풀 빛깔로 몸빛을 바꾸고 흙밭에 가면 흙색으로 몸빛을 바꾸는 작은 개구리 역시 살아남기 위해서다. 독이빨을 지닌 독사는 제 몸을 건드리지 않으면 물지 않는다. 남을 해치려고 보호색을 띠는 것은 인간밖에 없다.

어리석은 사람은 악을 이용할 줄 모른다. 재주 있는 사람만이 악을 이용할 줄 안다. 머리가 우둔한 사기꾼은 없다. 가장 무서운 사기꾼은 겉으로는 군자인 척하면서 속으로는 악을 짓는 자다. 왜 세상은 맑고 밝아야 하는가? 선을 속이는 짓을 하면 악이 겹으로 해독을 끼치는 까닭이다. 밤도둑은 한 집만 털지만 관리가 도둑질을 하면 나라를 턴다는 게다. 이보다 더 무서운 악은 없다.

【 채근담의 말씀 】

> 군자로서 선을 속여먹으면 소인이 악을 저질러 대는 것과 다를 바가 없다(君子而詐善 無異小人之肆惡). (전 95)

꾀를 낼수록 발목을 잡힌다

오래 사는 갈매기는 그물 옆을 멀리한다. 그물 속에 걸려든 고기를 탐내지 말라는 뜻이다. 손쉽게 먹이를 챙기려고 그물 속 고기를 탐내는 갈매기는 그만 그물에 걸려들고 만다. 이처럼 꾀를 내면 그 꾀가 그물이 되어 사람을 감아서 말아 버린다.

꾀는 수를 부리게 마련이고, 수에는 급수가 매겨진다. 그러나 꾀내기는 뛰는 놈 위에 나는 놈이 있음을 모른다. 그래서 꾀부리기는 바보 장기를 두는 것과 같다. 사마귀가 여치 앞에서 힘을 과시할 때 참새가 사마귀를 낚아채 가는 것과도 같다.

꾀는 게으름을 감추는 짓에서 빚어지거나 힘들이지 않고 한몫 보려는 욕심에서 비롯된다. 세상은 땀을 흘린 만큼만 보상해 준다는 것을 안다면 약은 짓을 해 제 발목을 잡히지 않을 것이다. 일에 임할 때 잔꾀를 부려 속임수를 부리지 말라. 인간이 머리를 짜내 꾸미는 재주나 계략을 무서워하는 사람은 언제나 현명하다. 현명하면 언제나 밝고 맑다.

【채근담의 말씀】

하나의 동기에는 또다른 동기가 잠겨 있고 변화가 있으면 그 밖에서 다른 변화를 생겨나게 한다. 그러니 인간의 지모나 술수를 어찌 믿고 의지할 수 있단 말인가!(機裡藏機 變外生變 智巧何足恃哉).(전 149)

욕심을 낼수록 멀어진다

 가을이 익어 갈 무렵이면 감나무의 감홍시가 어린아이들을 홀린다. 어린아이들은 언제나 단맛을 좋아한다. 예전에는 달디단 감홍시가 탐이 나 아이들이 어렵사리 감나무 타기를 하다 떨어져 몸을 다치는 일이 많았다. 그래서 홍시귀신이 있으니 멀리하라고 어린애에게 겁을 주었다.

 감홍시는 가지 끝에 대롱대롱 매달려 있다. 조금만 더, 조금만 더 올라오라고 홍시가 어린애를 유혹한다. 그 유혹에 걸려들면 약한 가지가 부러져 올라간 어린애는 떨어져 다친다. 이처럼 욕심은 무리를 짓고, 무리는 탈을 낸다. 뜻이 있을수록 사납지 않아야 한다.

 밥을 보면 입을 벌리는 것처럼, 졸음이 오면 눈을 감는 것처럼 순리대로 생각하고 순리대로 행동하면 인생이란 나무에서 떨어지지 않는다. 높은 것은 낮은 것을 밑으로 삼고, 아주 어려운 것은 아주 쉬운 것을 바탕으로 삼는 법이다. 이는 큰 뜻을 품을수록 무심해야 한다는 게다. 무심은 자기를 뒤로하고 사물을 바라보면 저절로 온다.

【 채근담의 말씀 】

욕심을 낼수록 오히려 멀어지고 욕심을 버릴수록 절로 가까워진다(有意者反遠 無心者自近也). (후 35)

현실이 곧 낙원이다

 그대는 고뇌하는가? 그렇다면 그대는 불집에 들어가 몸과 마음을 태우는 셈이다. 고뇌의 불길을 어떻게 하면 끌 수 있을까? 그 불길은 물을 퍼부어도 꺼질 수가 없다. 그러나 소유(所有)의 묶음을 풀면 고뇌의 불길은 잡힌다. 소유의 묶음을 풀어라. 그러면 고뇌는 사라진다.

 무엇이 행복이고 무엇이 불행이란 말인가? 갖고 싶어하는 것이 적을수록 행복한 것이고, 많을수록 불행을 불러온다. 이처럼 행복을 누리기는 아주 간편하다. 원하는 것을 소유하지 않으려고 하면 세상은 단번에 환해지고 편해진다. 즐거움은 이렇게 저절로 온다. 저절로 오는 즐거움이 낙원의 증명이다.

【 채근담의 말씀 】

세상을 소유하지 않고 세상에 돌리는 이는 능히 현실에서 살면서 현실을 저만치 둔다 (還天下於天下者 方能出世間於世間). (후 116)

세 갈래의 명예가 있다

향기로운 명예가 있다. 그러나 군내 나는 명예도 있고 진내를 뿜어 내는 명예도 있다.

도덕(道德)에서 온 명예는 향기롭다. 도(道)는 사랑을 베푸는 어머니이고, 덕(德)은 젖을 먹여 주는 어머니의 품안이다. 어머니의 품안 같은 명예보다 더 향기로운 것은 없다. 도덕에서 온 명예는 수풀 속에 숨어 피는 풀꽃과 같다.

공을 들여 만들어 낸 명예는 군내가 난다. 온갖 끼를 부려 명예를 사려고 수작을 부릴수록 명예는 호들갑을 떤다. 돈으로 명예를 사면 그 꼴이 난다. 그래서 사고 파는 명예는 인기라는 바람을 피운다. 이런 명예는 정원에 피는 꽃과 같아 이리저리 옮겨 다니며 냄새를 피운다.

권력으로 잡은 명예는 진내가 난다. 구린내가 문드러져 구역질 나게 하는 것이 권력이 만들어 내는 명예다. 코를 막게 하고 입을 다물게 하는 권력의 명예는 얼마 못 가 시들게 마련이다. 왜냐하면 권력의 명예는 화병에 꽂힌, 꺾인 꽃과 같기 때문이다.

【 채구담의 말씀 】

도덕에서 온 명예는 수풀 속에 핀 꽃과 같다(名譽自道德來者 如山林中花). (전 59)

꼭두각시가 되지 마라

 인형극을 본 적이 있는가? 줄에 매달려 손놀림에 따라 흉내짓하는 인형 같은 인간은 마음을 팔아먹고 사는 게다. 소중한 삶을 그림자처럼 만들어서는 안 된다. 남이 하는 대로 따라한다면 졸졸 따라다니는 바둑이와 같다.

 내 생각을 갖고 살아야 한다. 다만 내 생각이 고집스럽게 되지 않게 남의 생각을 살피며 내 생각을 다스리며 살아야 한다. 그러면 인형에 붙어 있는 줄을 끊을 수가 있다.

【 채근담의 말씀 】

사람 됨됨이에 참다운 생각이 없다면 인형과 같아, 하는 일마다 헛되게 마련이다(作人無點眞懇念頭 便成個花子 事事皆虛). (전 150)

모든 것은 마음에 달려 있다

마음대로 한다. 이 말은 참될 수도 있고 그릇될 수도 있다. 사람의 마음에는 선악이 걸려 있는 까닭이다. 선함도 마음가짐이요, 악함도 마음가짐이다. 선한 마음은 자유이고 악한 마음은 구속이다.

절망하므로 괴롭다고 말하지 말라. 절망하게 하는 것을 버리면 그만이다. 버릴 줄 아는 마음이 자유를 누린다. 그러나 한사코 갖기를 바라면 절로 구속의 멍에를 뒤집어써야 한다.

날마다 명랑하고 상쾌하게 살고 싶은가? 그러기를 원한다면 간단하다. 그 결정은 남에게 있는 것이 아니라 바로 나에게 있는 까닭이다. 마음먹기에 따라 지옥이 천당도 되고 천당이 지옥도 된다.

세상이 뜻대로 안 된다고 울부짖는 사람이 제일 바보다. 세상은 내 것이 아니다. 그렇다고 남의 것도 아니다. 세상은 세상이고, 그 세상에는 만물이란 우리가 있을 뿐이다.

【 채근담의 말씀 】

마음을 깨우쳐 걸림이 없다면 푸줏간이나 술집도 극락이다(心了則屠肆糟店 居然淨土). (후 88)

진실로 자유인은 누구인가

 이름을 얻고 이득을 높이려고 경쟁하는 곳이 현실이다. 그 현실에서 저만치 물러나 현실을 바라볼 줄 아는 사람이 현실의 주인이 된다. 먼지 속에서 먼지 묻은 옷을 털 것이 아니라 거기서 물러나 깨끗한 곳에서 옷을 털어야 한다. 서로 다툼하는 명리(名利)는 삶의 먼지가 되기 쉽다. 기인(奇人)과 괴인(怪人)은 서로 다르다. 괴인은 기인처럼 보이려고 심술을 부려 행세하는 가짜이고, 기인은 천성이 갓난애와 같다. 기인은 한 점의 티도 없고 때도 없어 밝고 맑다. 그러나 괴인은 속이 엉큼해 밝은 척하는 것이고 속이 꺼림칙해 맑은 척할 뿐이다.

 마음을 비웠다고 선언하는 자를 조심해야 한다. 참으로 텅 빈 마음은 말하는 입이 없다. 다만 숨겨 놓은 그릇에 담아 감춰 두고 비웠다고 시치미를 뗄 뿐이다. 그런 사람은 닭을 잡아먹은 다음 오리발을 내놓고 우기게 마련이다.

 기인은 현실을 즐기되 소유하지 않지만 괴인은 기인의 흉내를 내면서 내숭을 떠는 인간이므로 인생의 돌팔이에 불과하다. 그대여, 기인이 되고 싶은가? 그렇다면 평범한 것을 사랑하라.

【 채근담의 말씀 】

수작을 부려 신기한 것을 숭상하는 사람은 기인이 아니라 돌팔이에 불과하다(作意尙奇者 不爲奇而爲異). 〈전 169〉

자상한 마음은 우주와 같다

 마음가짐은 넓을 수도 있고 좁을 수도 있다. 넓은 마음은 무심(無心)하다. 좁은 마음을 유심(有心)이라고 한다. 유심하다는 것은 옳고 그른 것과 좋고 싫은 것을 가리고 버리는 마음짓이다. 쓰면 뱉고 달면 삼키는 마음은 가장 좁은 것이다.
 자상하다는 것은 무심하다는 것과 같다. 어머니가 품에 안아 주는 것과 같은 마음을 자(慈)라고 한다. 어머니가 아이를 곱게 씻기고 단장해 주는 것과 같은 것을 상(祥)이라고 한다. 마음속이 사랑이면 마음 밖으로 드러나는 것 또한 사랑이다. 이러한 두 겹의 사랑을 자상하다고 한다.
 사랑하는 힘은 세상을 둥지로 만들고 삶을 보금자리로 만든다. 둥지에는 원수가 없고 보금자리에는 원한이 없다. 이렇게 하는 힘을 화기(和氣)라고 한다. 그러나 힘을 믿고 세를 자랑하며 오만하게 과시하려는 심사를 부리면 오기(傲氣)가 앞서게 된다. 오기는 자상한 마음을 얕보고 능멸하지만 결국엔 상처를 입고 만다. 승패를 앞세우는 까닭이다. 자상한 마음이 내는 사랑의 힘[和氣]은 승패를 버리고 서로 어울리게 한다.

【채근담의 말씀】

한 생각이 자상하면 우주에 능히 사랑하는 힘을 빚는다(一念慈祥 可以醞釀兩間和氣).
온(醞) (전 180)

성급하면 아무 일도 못한다

성급하면 일을 그르치고 듬직하면 일을 마무리짓는다. 일을 빨리 하느냐 느리게 하느냐가 문제될 수 없다. 일을 잘하고 못하는 것은 그 일을 얼마나 사전에 깊이 생각해 보았느냐에 달려 있을 뿐이다.

깊은 생각을 거친 다음 행동하면 듬직하게 된다. 그러나 생각은 제쳐 두고 행동만 앞서면 저절로 성급하게 된다. 그대는 생각하고 행동하는가 아니면 무턱대고 행동부터 하는가? 이렇게 수시로 자문해 보는 사람은 경솔해 망신을 당하는 늪에서 빠져 나올 수 있다.

생각하는 마음은 참을 줄 안다. 세 번 생각한 다음 한 번 말한다고 하는 게다. 생각이 깊은 사람과 얕은 사람이 따로 있는 것은 아니다. 어떠한 일에 임하든 마음가짐을 어떻게 하느냐에 달려 있다. 성급하고 조급한 사람은 생각보다 행동이 앞서 덫에는 미끼가 있다는 것을 잊어버린다. 인간도 미끼를 물면 낚싯대에 끌려나오는 물고기처럼 된다.

왜 돌다리도 두드려 건너는가? 실패할 수 있는 까닭이다. 생각이 깊어 참을 줄 아는 사람은 아는 길도 물어서 간다.

【 채근담의 말씀 】

마땅히 백 번을 참아서라도 일을 이루려고 시도한다(當堅百忍以圖成). (전 117)

지나친 사랑은 원수를 맺는다

 사랑한다면 소유하지 마라. 사랑의 소유는 산에 핀 풀꽃을 아름답다고 꺾어다 꽃병에 꽂아 두는 꼴이다. 소유욕이 지나치면 빼앗고 빼앗기는 일이 생긴다. 뺏는 짓은 언제나 훔치는 짓에 불과하다. 사랑을 훔치지 마라. 그러면 사랑이 원수가 된다.
 두루두루 골고루 사랑할 수 없는가? 연인만이 사랑의 대상일 수 없다. 흘러가는 구름도 사랑하고 세차게 부는 태풍마저도 사랑하라. 어디 사랑이 남녀 사이의 애정만인가! 온 세상을 반가워하는 마음을 누린다면 그보다 더 큰 사랑은 없다.
 큰사랑에는 원수가 없다. 사랑의 차별이 없는 까닭이다. 연인이 왜 원수처럼 둔갑하는가? 사랑을 소유욕으로 착각한 까닭이다. 산새를 소유하려면 조롱을 만들어야 하고, 야생마를 소유하려면 재갈을 물려야 한다. 이처럼 소유욕은 무엇이든 제 욕심대로 구속하려고 한다. 카나리아를 가두어 둔 조롱은 카나리아의 원수이고, 억지로 물린 재갈은 야생마의 원수와 같다. 지나친 사랑은 소유욕의 광란이다.

【 채근담의 말씀 】

대개 사랑이 지나치면 원수가 되어 버린다(蓋愛重反爲仇). (전 115)

당당하고 떳떳하게 산다

굽실거리고 굼실거리며 살 것은 없다. 자신이 세운 뜻을 소중히 하면 마음의 기운도 높아진다. 살구나무가 능금나무를 부러워하면 안 된다. 삶 역시 남의 것과 비교해서 저울질해서는 안 된다. 자신의 삶을 소중히 하는 사람은 기상(氣象)이 높다.

높은 뜻만 앞세우고 건방을 떨면 낮은 것만도 못하다. 높은 뜻을 품을수록 소홀함이 없어야 한다. 무거운 뜻이라도 가벼운 것처럼 매끔하게 맞이하라. 그러면 걸림 없이 당당하게 뜻을 펴리라.

뜻을 세우자면 생각이 깊어야 한다. 깊은 생각은 넓고 커야지 작고 좁아서는 안 된다. 뜻이 한 척의 배라면 생각은 배를 띄울 물이다. 얕고 좁은 개천에서는 배를 띄울 수가 없다.

취미가 다양할수록 마음은 산만해진다. 마음이 어수선하면 뜻을 세워 한 방향으로 이끌어 갈 수가 없다. 그래서 뜻이 있는 사람의 취미는 담백하다. 취미에 놀아나 미치면 삶을 놀이로 착각하게 된다. 삶은 놀이가 아니라 스스로 정한 하나의 경기와 같다. 그 경기에서 자신이 세운 뜻이 연출된다. 그러므로 삶은 팔방미인을 반가워 않는다.

【채근담의 말씀】
생각하는 바는 깊되 빈틈이 없어야 하고 잘아서도 안 된다(心思要縝密 而不可瑣屑). 진(縝) 쇄(瑣) (전 81)

덕을 기름지게 하라

 남의 약점을 찾아 꼬집고 헤집는 사람은 쓰레기통을 뒤지는 생쥐와 같다. 칭찬은 잦아도 좋지만 험담은 없을수록 좋다. 그러면 삶은 즐겁다.

 남의 비밀을 찾아내 말거리를 찾는 사람은 부엌의 찬장을 기웃거리는 고양이와 같다. 구운 생선을 훔쳐먹고 주인을 잃어 도둑고양이가 된다. 사람의 세상에서 도둑고양이가 되지 않으려면 남의 비밀을 지켜 주라. 그러면 삶은 즐겁다.

 남의 허물을 덮어 주면 허물이 부끄러운 것임을 서로 알게 된다. 원숭이도 나무에서 떨어질 수가 있다. 난처해하는 사람을 비웃지 않고 감싸주면 난처한 상황은 두 번 거듭 일어나지 않는다. 이 얼마나 인생이 아름다운가!

 인생을 아름답게 할 수도 있고 더럽게 할 수도 있다. 남의 허물을 꾸짖거나 남의 비밀을 들추거나 남의 실수를 고소해하면 인생은 더러워진다. 삶을 즐겁게 하고 아름답게 하는 것을 덕이라 한다.

【채근담의 말씀】
남의 허물을 흠잡지 않고 남의 비밀을 감추어 주고 남의 실수를 생각지 않는 것이 덕을 길러 낼 수 있고 해를 멀리할 수 있다(三者可以養德 亦可以遠害). (전 105)

심술을 부리지 마라

 심술은 마음으로 잔재주를 부리고 자기만을 위하려는 잔꾀에서 비롯된다. 인간은 그런 심술을 나름대로 감추고 없는 척하며 산다. 삶을 한 꺼풀 벗기고 나면 부끄럽기 짝이 없다.
 하늘을 우러러 한 점 부끄럼 없다고 할 사람이 얼마나 될까? 거의 없다고 해도 무방할 것이다. 인간이 짓는 부끄러움은 주로 얄미운 정이 빚어낸다. 정이란 변덕스럽다. 꾀꼬리 소리는 좋고 개구리 소리는 싫다. 꽃을 보면 꺾어 갖고 싶고 풀잎을 보면 따고 싶어한다. 이러한 것들은 모두 인간의 정이 짓는 심술이다.
 감정을 잘 다스리는 사람은 마음을 잘 다스리는 자다. 제 감정을 이기지 못해 험한 짓을 범하는 사람은 마음을 시궁창에 처넣고 사는 것과 다를 바가 없다. 현명한 사람은 마음을 다스리고 어리석은 사람은 몸을 단장한다고 한다. 마음을 다스려 감정을 알맞게 조율하면 주변의 사물을 한결같게 보고 새삼스럽게 맞이할 수 있다. 그러므로 무엇은 좋고 무엇은 싫다고 다잡지 마라. 심정은 편을 가르려 하지만 심성은 만물을 벗으로 삼는다. 심성이 심정보다 앞자리에 있게 하라.

【채근담의 말씀】

만일 욕망을 떠난 마음으로 사물을 본다면 어느 것 하나 하늘의 뜻을 울려 주지 않는 것이 없으며 저마다 제 뜻을 펴내지 않는 것이 없다(以性天視之 何者非自鳴天機 非自暢其生意也). (후 50)

자연은 아름다워라

 한 그루의 나무를 보라. 봄이 오면 꽃이 핀다. 여름이 오면 잎새가 무성하다. 가을이 오면 튼실한 열매가 여문다. 그리고 겨울이 오면 쉰다. 이것이 나무가 이룩하는 한 해의 삶이다. 일을 다 하고 쉬는 겨울 나무는 자연 그대로이다. 이 얼마나 아름다운가!
 한 그루의 나무를 보면 진실이 따로 없고 위선이 따로 없다. 참과 거짓이 따로 없는 것이 절대의 아름다움이다. 이러한 아름다움을 자연이라고 한다. 진실은 아름답고 위선은 추하다고 가리는 것은 인간의 짓일 뿐이다. 인간이 자연을 누리면 흥이 절로 난다. 자연이 주는 흥은 무한대의 즐거움이다. 그러나 인간은 자연을 떠나 제 욕심대로 무턱대고 즐기려고 하므로 인생을 탕진한다. 이러한 탕진을 고통이라고 한다.
 그대는 맨발로 풀밭을 마음놓고 거닐 수 있는가? 그렇다면 그대의 마음은 건강하고 튼튼하다. 그렇지 않고 풀밭에 가시나 뱀이 있을까 봐 구두를 신어야 들어갈 수 있다면 그대의 마음은 풀밭마저도 의심하는 셈이다. 의심하며 앞뒤를 재는 마음은 제때에 흥을 누리지 못한다. 자연을 잃었기 때문이다.

【 채근담의 말쓺 】

흥이 때를 따라 일어나면 맨발로 풀밭을 거닌들 들새들도 사람을 무서워 않고 벗이 된다(興逐時來 芳草中撤履閒行 野鳥忘機時作伴). (후 107)

생명의 진실이란 무엇인가?

 마음은 곧 하늘이다. 이 말을 곰곰이 생각할수록 마음은 넓고 커진다. 하늘은 넓고 크다. 우주만물이 하늘 안에 있을 수 있다. 넓고 큰마음은 하늘처럼 온 사물을 간직할 수 있다.

 하늘은 가득 채우지 않고 언제나 비워 두는 여유가 있다. 하늘이 가득 차 있다면 햇빛이나 바람, 구름이 오고가지 못한다. 그러면 어느 목숨도 살 수가 없다. 텅 빈 하늘은 곧 생명의 집이다.

 빈 것이 있으므로 목숨이 있다. 이러한 생각을 담아 허(虛)라고 한다. 가득한 것(實)은 눈에 보이지만 빈 것(虛)은 눈에 보이질 않는다. 생명의 진실은 가득한 것일까, 텅 빈 것일까?

 가득 찬 가슴은 옹색하고 텅 빈 가슴은 여유가 있다. 욕심은 가지려고 요구하지만 사랑은 주려고만 한다. 소유는 가득 채우는 짓이며 베풂은 비우는 짓이다. 베푸는 마음이 겪는 슬픔과 기쁨, 고통과 즐거움 등은 사랑의 모습이다. 사랑이란 무엇인가? 남을 위해 생각하고 행동하는 모든 것을 말한다. 그 남을 한 인간으로 국한시키지 말고 모든 것으로 넓힌다면 사랑은 하늘처럼 넓고 크고 넉넉하리라. 이러한 사랑의 마음을 하늘 같다고 한다.

【채근담의 말씀】

다만 마음속에서 온갖 정감이 형편 따라 일어나고 스러져 가도 거리낌이 없다면 하늘의 바탕을 함께하리라(只要隨起隨滅 廓然無碍 便與太虛同體). (전 174)

사라지고 없는 공룡을 생각해 보라

거대했던 공룡이 왜 지구상에서 전멸했는지는 아직도 확실히 모른다. 다만 공룡의 전멸만을 알 뿐이다. 이처럼 하늘의 뜻은 인간이 알 수가 없다. 그래서 하늘을 두려워하라는 게다. 하늘의 눈으로 보면 권력 투쟁 같은 것은 개미가 썩은 지렁이에 늘어붙어 싸우는 꼴과 다름이 없다. 힘을 앞세우는 영웅호걸이 세상은 저들의 손 안에 있다고 과시하는 것은 천지의 입장에서 보면 파리 떼가 시체에 늘어붙어 썩은 피를 빠는 것과 다를 바가 없다.

인간의 힘으로 천하를 정복하거나 만물을 종으로 만들 수 있다고 착각하지 말라. 천지가 노하면 한 방울의 물로도 인간을 전멸시킬 수 있다. 오만하면 망할 것이고, 겸허하면 살아남을 것이다. 오만한 문명은 인간을 파멸로 이끌 것이고, 겸허한 문명은 인간을 천지와 더불게 할 것이다.

문명이 오만할수록 시비와 투쟁이 기승을 부린다. 지금 우리는 오만한 문명의 잔칫상 앞에서 서로 많이 차지하겠다고 아우성이다. 이러한 아우성을 잠재우고 천지와 더불어 삶을 누릴 수는 없는 걸까? 한 발 물러나 냉정한 마음으로 살펴볼 일이다.

【채근담의 말씀】

시비가 벌떼 날 듯하고 득실이 고슴도치 가시 일 듯하는 것은 쇠를 다루어 금으로 만들겠다는 것과 같고 끓는 물로 눈을 녹이는 것과 같다(是非蜂起 得失蝟興 以冷情當之 如冶化金 如湯消雪). (후 72)

소인과 군자는 다르다

마음이 좁은 자가 마음이 넓은 자를 얕보려고 한다. 마음이 좁으면 소인이고 넓으면 군자다. 소인은 자기를 위해 살고, 군자는 남을 위해 산다. 소인은 소유하고 군자는 베푼다. 군자는 자기를 다스리고 소인은 남을 다스리려 한다. 군자는 오만을 버리고 겸허를 사랑하지만 소인은 겸허를 패배로, 오만을 승리로 여긴다.

군자는 자기를 낮추고 소인은 자기를 높인다. 군자는 자신에게 엄격하고 남에게 관대하지만 소인은 그 반대다.

똥 묻은 개가 재 묻은 개를 흉본다. 재는 깨끗하다. 더러운 것들을 태우면 재가 된다. 군자는 마음을 다 타 버린 뒤의 재처럼 간직한다. 이를 무심(無心)이라고 한다. 그러나 소인의 마음은 불타는 아궁이와 같다. 이를 욕심(欲心)이라고 한다.

행복과 불행은 욕심에 정비례한다. 욕심이 많으면 불행하고 욕심이 적으면 그만큼 행복하다. 성패도 욕심에 정비례한다. 많으면 실패하기 쉽고 적으면 그만큼 성공하기 쉽다. 군자는 이러한 진실을 알고 소인은 모른다. 그래서 소인은 행복을 원하지만 불행이 앞서 오고, 성공을 바라지만 실패가 첩첩이 쌓인다.

【채근담의 말씀】

검소하고 부지런한 사람은 오만하고 방자한 사람의 꺼리는 바가 된다. 군자는 이러한 처지에 처해도 지조를 바꾸지 말 것이며 지나치게 모나지도 말 것이다(儉飭之人 多爲 放肆者所忌 君子處此 固不可少變其操履 亦不可太露其鋒忘). (전 98)

성급히 단정하지 마라

죄는 미워하되 죄인은 미워 말라는 게다. 선악을 함께 지닌 인간이므로 천사와 악마를 한 가슴에 안고 산다. 사랑하는 마음은 인간을 천사로 만들고, 미워하는 마음은 인간을 악마로 만든다. 한때 서로 사랑했다가 헤어지면서 서로 미워한다면 천사를 버리고 악마를 택하는 셈이다.

젊어서 창녀짓을 했을지라도 늙어서 좋은 사람으로 탈바꿈했다면 젊어 칠했던 분 냄새는 없어진 것이다. 그러나 젊어서는 정절이 빼어났던 여인이라도 늙어서 방정치 못하다면 젊었을 적의 정절은 위선에 불과할 뿐이다.

어제의 허물을 덮어 주고 오늘의 자랑거리를 찾는다면 떨어진 꽃잎을 보고 다시 필 꽃잎을 보는 것과 같다. 어제 일을 들추어 오늘을 아프게 할 것 없고, 지나간 상처를 들추어내 지금 짓고 있는 미소를 흉터로 만들지 말라. 그러면 누구나 천사를 버리고 악마를 사는 어리석음은 범하지 않을 게다.

【채근담의 말씀】

사람을 알아보려면 절반의 인생을 보낸 다음에야 그렇게 하라(看人只看後半截). (전 92)

배움에 앞서 체험하라

 노랫말을 몰라도 노래를 들으면 가슴이 먼저 알아듣는다. 글자를 읽을 줄 알면서도 그러한 감동을 얻지 못한다면 목석과 다를 바가 없다. 무릇 목숨이 있는 것이면 울고 싶을 때 울고 웃고 싶을 때 웃는다.

 울고 싶다고 엉엉 소리내 울면 어린것에 불과하다. 슬픔이 절실하면 눈물은 안으로 흐르는 법이고, 기쁨이 절실해도 웃음이 입술을 떠나지 않는 법이다. 그러므로 겉을 보고 속을 짚어서는 안 된다. 빛 좋은 개살구에 홀려 길가 풀섶에 숨어 피는 풀꽃을 밟고 가지 마라.

 돌팔이 중일수록 원효를 앞세우고, 사기꾼일수록 성인 군자의 말을 입에 걸고 다닌다. 학식이 많은 사람이 무식한 사람을 통해서 인생을 배운다고 하지 않는가! 배우는 것으로 그치면 앵무새를 닮기가 쉽고, 배우지 않았어도 체험이 많으면 무식할지언정 삶을 험하게 하지 않는다.

【 채근담의 말씀 】

글자를 몰라도 시에 뜻이 있는 자라면 시인의 참맛을 훌륭히 얻는다(一字不識 而有詩意者 得詩家眞趣). (후 47)

왜 스스로 속을 태우는가?

 삶을 즐겁게 할 것인가 아니면 걱정스럽게 할 것인가? 이러한 문제는 오로지 자신에게 달려 있다.
 더불어 살고 어울려 살면 저절로 삶이 즐겁다. 공자는 멀리서 벗이 오니 얼마나 즐거우냐고 했다. 벗이란 누구인가? 마음을 서로 주고받으며 걸림 없이 서로 삶을 나눌 수 있는 사람이다.
 삶을 벗이 되게 하라. 삶을 상대가 되게 하지 마라. 벗은 서로 돕고 상대는 서로 견주어 마주하고 경쟁하려 든다. 이름이 나고 지위가 높아야 삶의 즐거움이 있는 것이 아니다. 명성이 짐이 되고 지위가 부담스러움을 사람들은 모른다. 지위가 없어 참다운 즐거움을 누린다는 것을 모르고 불나방처럼 명성과 지위를 향해 질주하는 사람들. 그들은 결국 불구덩이에 빠져 화상을 입고 신음하기 쉽다.
 모습이 크고 화사한 모란은 향기가 없다. 그러나 보기에 초라한 풀꽃은 벌과 나비를 멈추게 하는 향기와 꿀샘을 지니고 있다. 삶을 향기처럼, 꿀샘처럼 감미롭게 하려면 먼저 자신의 삶을 겸허히 벗으로 맞이하라.

【채근담의 말씀】

사람들은 이름이 나고 지위가 높아야만 즐거운 줄 알고 이름도 없고 지위도 없는 즐거움은 참다운 것임을 모른다(人知名位爲樂 不知無名無位之樂). (전 66)

곧은 마음은 밝다

마음이 음흉하면 감추는 것이 많아진다. 감출 것이 많으면 드러날까 봐 숨게 된다. 죄는 이렇게 시작된다. 나에게는 유리하고 남에게는 불리하게 한다면 나를 두더지처럼 만들어야 한다. 정체가 드러나면 법의 심판을 피할 길이 없으므로 숨어야 하는 까닭이다.

곧은 마음은 나를 유리하게 하려고 수작을 부리지 않는다. 남 앞에 당당하고 떳떳하면 밝은 대낮과 같은 삶을 이룩하는 셈이다. 이처럼 곧은 마음은 세상을 걸림 없이 노닐게 한다.

정직보다 더 강한 힘은 없다. 재앙을 막아 주고 자유를 만끽하게 한다. 정직은 진실의 수문장 노릇을 하는 까닭이다.

천벌은 어김없다. 그런데 현대인은 이러한 말을 믿지 않으려 한다. 천벌은 하늘에서 떨어지는 벼락이 아니라, 제 마음이 제 마음을 아프게 함을 뜻한다. 자책이란 천벌과 같은 말이다.

행복을 멀리하려고 하면 가까워지고, 못된 짓을 범하고 재앙을 피하려고 꾀를 부리면 제 손에 든 도끼로 제 발등을 찍는 일을 피할 수 없게 된다. 그래서 도둑은 제 발이 저린다고 한다.

【채근담의 말씀】

곧은 선비는 행복을 구하려는 욕심이 없는지라 하늘은 걸림 없이 사는 문을 찾아 그에게 속마음을 열어 준다(貞士無心徼福 天卽就無心處牖其衷). 요(徼) (전 91)

자기만을 위한 욕망은 고통이다

생각하므로 나는 존재한다. 이제 이런 말은 낡았다고 한다. 의식하므로 나는 존재한다. 이 말도 거추장스럽게 여긴다. 욕망하므로 나는 존재한다. 이렇게 현대인은 인간의 욕망을 당연시한다.

현대인은 자전거를 타고 가는 꼴이다. 멈추면 넘어지므로 넘어지지 않게 계속 페달을 밟아야 한다. 이처럼 욕망은 인생을 자전거 위에 올려놓게 한다. 두 발로 또박또박 걷는 인생을 비능률적이라고 흉볼 것 없다. 세상이 바쁘게 돌아갈수록 자기를 늦출 줄 아는 슬기로움이 필요하다. 바늘 허리에 실을 매어 바느질할 수는 없다. 배고프다고 밥을 급히 먹으면 체한다.

욕망은 사람을 양철 지붕 위의 고양이처럼 발버둥치게 할 뿐이다. 고기를 물고 다리를 건너다가 물에 비친 제 그림자에 욕심이 나 짖다가 물고 있던 고기를 놓쳐 버린 개의 우화처럼 욕망은 물 그림자의 개가 물고 있는 고기와 같다.

남에게 빼앗기지 않으려고 인생을 물고 가는 것은 괴로움이다. 남을 부러워하다 제 인생을 멍들게 하는 것 또한 고통이다. 욕망으로 가득한 삶은 쉼없이 페달을 밟는 자전거와 같다.

【채근담의 말씀】

욕망에 사로잡히는 것은 괴로움이고, 욕망을 끊어 버리겠다고 하는 짓 또한 괴로움이다(徇欲是苦 絶欲亦是苦). (후 78)

바쁠수록 느긋하게 한다

 분주할 때 빨리 하자고 재촉한다고 해서 치러야 할 일이 줄어드는 것은 아니다. 일을 성급하고 거칠게 마무리짓는 것보다 좀 늦추어질지라도 야무지게 마무리짓는 것이 좋다.

 일이 바쁘다고 덩달아 마음을 조급하게 하면 하는 일마다 설익은 밥처럼 서글거리게 된다. 분주할 때 침착하면 시간을 두 배로 늘릴 수 있다는 것을 안다면 한가할 때를 잘 보낼 수 있다.

 한가로울 때 마음을 잘 정리해 둔 사람은 산적한 일거리 앞에서도 풀어 갈 실마리를 찾아낸다. 앞뒤를 가려 일의 순서를 찾아 차곡차곡 하나씩 일을 추슬러 가면 한 시간이 열 시간의 길이가 될 수 있다는 것을 안다. 침착한 마음은 한가로울 때 연마된 마음 잡기의 훈련에서 나온다. 일이 급하다고 조바심을 떠는 사람은 한가롭다고 게으름을 피운 자다.

【채근담의 말씀】

바쁠 때 자기의 성미를 어지럽히지 않으려면 한가로울 때 자기의 마음속을 맑게 해 둘 것이다(忙處不亂性 須閑處心神養得淸). (후 26)

선(善)이 되는 욕망이 있다

덕을 짓고 쌓으려는 마음가짐도 하나의 욕망일 수 있다. 덕욕(德欲)은 많을수록 좋고 이욕(利欲)은 적을수록 좋다는 게다.

덕욕은 남을 이롭게 해 주려는 욕망이고, 이욕은 남을 해롭게 하면서 자기를 이롭게 하려는 욕망이다. 덕욕은 서로 어울리게 하지만 이욕은 서로 헐뜯게 한다. 콩 한 쪽이라도 나누어 먹어야 한다는 마음이 덕욕이고, 남의 밥그릇이 커 보이는 것은 이욕이다.

이욕은 악을 짓고 덕욕은 선을 넓힌다. 마음을 해쳐 아프게 하면 그것이 곧 악이며 마음을 보살펴 기쁘게 하면 그것이 곧 덕욕이다. 욕망이 악이 될 때는 덕을 팽개쳐 버리고 욕망이 선이 될 때는 덕의 길을 밟는다. 그래서 예부터 나를 취하면 더럽고 나를 버리면 깨끗하다고 했다. 이처럼 욕망에도 더러운 것이 있고 깨끗한 것이 있다.

【 채근담의 말씀 】

모든 욕망이 다 마음을 해치는 것은 아니다. 고집스러운 독단이 마음을 해치는 도적이다(利欲未盡害心 我見乃害心之賊).

증류수는 마실 수 없다

물이 더러우면 발을 씻고 물이 맑으면 낯을 씻는다. 더러우면 멸시하고 깨끗하면 존경한다는 뜻이다. 맑은 물 같다면 믿을 수가 있다. 믿음이 가면 존경하는 마음은 저절로 우러난다.

윗물이 맑아야 아랫물이 맑다. 이는 윗사람이 처신을 제대로 해야 아랫사람이 따른다는 게다. 그러나 맑기만 하다고 다 되는 것은 아니다. 너무 맑은 물에는 고기가 살지 못한다고 하지 않는가!

맑기로 물을 따지자면 증류수보다 더 맑은 물은 없다. 그러나 오염되지 않은 물을 마시자고 증류수를 마시면 설사를 할 뿐이고, 증류수에 물고기를 넣으면 살지 못하고 죽는다. 맑을수록 양분을 지녀야 하는 것이 생명의 물이다. 맑은 마음에도 양분이 있어야 한다. 생명의 양분을 사랑이라 하고 용서라 하며 이해라고 한다. 맑고 관대한 마음은 깊은 산속의 샘물과 같고, 맑기만 하고 서슬 퍼런 마음은 증류수와 같다.

【 채근담의 말씀 】

지나치게 꼿꼿하기만 하면 사람을 키우고 사물을 이롭게 할 수가 없다(太枯則無以濟人利物). (전 29)

물은 낮은 곳으로 흐른다

 올라가지 못할 나무는 쳐다보지도 마라. 옛날에는 이러한 속담을 진실로 받아들였지만 지금은 패배자의 변명쯤으로 여긴다. 올라갈 수 없는 나무는 없다. 도전하라. 이렇게 자신만만하게 세상을 맞이하려고 하는 것이 현대인의 심리다.

 하면 할 수 있고 한다면 한다. 이보다 더 무서운 말은 없다. 그러나 한때 세상을 휩쓴 선전 표어였다. 해서 되는 일이 있고, 해서는 안 되는 일이 있다. 사람은 가려서 일할 줄을 알아야 제 구실을 하는 법이다. 해야 할 일을 선(善)이라 하고, 해서는 안 될 일을 악(惡)이라고 한다.

 일을 선하게 한다는 마음이 앞서야 한다. 아무리 선한 일을 하려고 해도 뜻대로 안 되는 것이 세상이다. 그렇다고 세상을 원망할 것은 없다. 세상은 누구 편도 아닌 까닭이다. 세상을 원망할수록 솜뭉치를 이고 물속을 거니는 꼴이 된다.

 일이 뜻대로 되지 않을수록 물길을 바라보라. 물길은 아래를 향하므로 흘러갈 수가 있다. 둑이 있으면 멈추어 차기를 기다렸다 다시 흐른다. 일에 뜻을 세울 때는 마음을 물길처럼 지녀야 한다.

【 채근담의 말씀 】

일이 뜻대로 안 될 때는 나보다 못한 사람을 생각하라. 그러면 원망이나 탓하는 마음이 사라진다(事稍拂逆 使思不如我的人 則怨尤自消). (전 219)

마음은 낙원도 되고 지옥도 된다

 낙원에 갈 사람은 이미 낙원에서 산다. 하늘 위에 있다는 천당이나 극락을 아무리 빌어도 살아서는 안 된다. 죽은 다음을 바라보고 삶을 천하게 하거나 험하게 해서는 안 된다. 여기서 잘 살아야 하는 것이 먼저이다. 무엇이 잘사는 것인가?
 지위가 높고 명성을 얻어 부를 누리는 것을 잘사는 것으로 다짐하는 사람은 항상 굶주린 개처럼 욕심의 먹이를 찾느라 마음을 끓이고 태운다. 이러한 인생은 언제나 지겹고 무거운 짐이 된다.
 마음이 편해야 몸도 편하고, 하는 일이 즐거우면 잘사는 것이라고 여기는 사람은 언제나 청명한 가을 하늘처럼 인생을 맞이한다. 이러한 인생은 언제나 반갑고 산뜻하다.
 잘사는 것은 마음을 잘 다스리는 데서 시작된다. 그래서 현명한 사람은 마음을 다스리고, 어리석은 사람은 몸치장을 한다는 게다. 왜 마음을 다스려야 할까? 인간의 욕망이 인생을 경마장처럼 바라보려고 하기 때문이다. 경마장의 도박사처럼 인생을 바라보면 하루도 마음이 편할 수 없다. 마음이 고통스러우면 세상은 지옥이 되며 마음이 즐거우면 낙원이 된다.

【 채근담의 말씀 】
마음 바탕에 욕망의 풍파가 없다면 가는 곳마다 낙원이다(心地上無風濤 隨在皆靑山綠水). (후 66)

세운 뜻을 의심하지 말라

경솔하게 뜻을 세우지 말 것이며 경솔하게 뜻을 버리지 말라. 이는 모든 일을 신중히 하라는 말씀이다. 생각 않고 일을 서둘면 낭패를 면할 수가 없다. 한쪽만 생각하고 뜻을 세우면 변덕을 부리게 되고, 양쪽을 생각한 다음 뜻을 세워도 의심을 물리치기 어렵다. 뜻이란 이쪽이냐 저쪽이냐를 따져 모가 날수록 부서지기 쉽다. 뜻을 세우자면 둥글어야 한다.

둥글게 뜻을 세웠다면 의심하지 말라. 돌다리도 두드려 보아 건너가되 멈추어 서서 두드린다면 무너지기를 기다리는 것과 다를 바가 없다. 세운 뜻이 돌다리 같다면 멈추지 말고 건너가라.

뜻을 세웠다면 이미 의심을 버린 것이다. 의심을 버렸다면 욕망의 유혹을 물리친 셈이다. 본래 의심이란 손익(損益)의 저울질이다. 비단옷 입고 밤길 걷는다고 투정하는 것은 베풀었으므로 그 갚음을 요구하는 꼴이다. 무슨 대가를 바라고 뜻을 세우지 말라. 공치사를 하면 공든 탑이 무너진다.

【채근담이 말씀】

자신을 바쳐 뜻을 세웠다면 의심하지 말라. 의심에 머뭇거리면 자신을 버렸다는 뜻이 부끄럽게 된다(舍己毋處其疑 處其疑 卽所舍之志多愧矣). (전 89)

치우침이나 처짐도 없다

 인생은 놀이도 아니고 경기도 아니다. 인생을 놀이라고 생각하면 스스로를 술취한 망나니처럼 만든다. 인생을 경기처럼 생각한다면 승패의 가위눌림에서 벗어날 수가 없다.

 달콤한 인생이 따로 있고 쓰디쓴 인생이 따로 있는 것은 아니다. 인생을 호오(好惡)의 저울로 달아 볼수록 바보가 된다. 원숭이가 사람의 옷을 입는다고 사람이 되는 것은 아니다. 흉내 짓으로 삶을 살지 말라 함이다. 남이 걸어갈 때 멈추고 남이 멈출 때 걸어가는 것처럼 삶을 맞이하지 마라. 이는 유별나게 삶을 요리하지 말라 함이다. 더불어 함께 어울려 삶을 누리면 그런 어리석음에서 벗어날 수가 있다. 남에게 호감을 사려고 제 인생을 팔아서는 안 된다. 아양을 떠는 것은 상대를 이용하려는 심사에 불과하다. 그러면 나는 저절로 치사해진다. 남들이 싫어하게 제 인생을 구겨서도 안 된다. 그러면 내가 나를 스스로 추하게 밟는 셈이다.

 생각이 치우쳐 행동을 거북하게 할 것도 없고, 생각이 처져 행동을 엉뚱하게 할 것도 없다. 앉을 곳이면 앉고 설 곳이면 서서 인생을 의젓하게 맞이한다면 떳떳하고 당당하다.

【 채근담의 말씀 】

> 일할 때 마땅히 남들로 하여금 싫어하게 하지 말 것이며 또한 남들로 하여금 기쁘게 하지도 말 것이다(作業不宜令人厭 亦不宜令人喜). (전 198)

재사(才士)는 되지 마라

많이 알아서 탈이다. 모르면 약이다. 왜 이러한 속담이 생겼을까? 아는 것만 가지고 삶을 요리할 수 없는 까닭이다.

알되 현명할 줄 알아야 한다. 그렇지 못하면 오히려 어리석은 사람〔愚人〕만도 못할 수가 있다. 현명한 사람〔賢者〕은 어리석은 사람과 가깝고 식자와는 멀다는 게다. 식자(識者)는 우인(愚人)을 이용하고 현자(賢者)는 어리석은 사람을 돕는다.

재사는 재주만 믿고 세상을 얕보는 자다. 재사는 식자의 무리에서 나온다. 재사는 꾀를 잘 부리고 음모를 잘 꾸민다. 그렇게 하여 일마다 제 입맛대로 요리하려고 심술을 부리는 자가 곧 재사다. 재사는 자신만 믿고 남을 의심한다. 사촌이 논을 사면 배 아파하는 식자는 재사가 되기 쉽다. 제 재주 하나만 믿고 매사를 자기 중심으로 생각하려고 한다. 그러나 현명한 사람은 남을 중심으로 일을 헤아리고 판단한다.

그대여, 현자가 되고 싶은가 아니면 재사가 되고 싶은가? 재사가 되고 싶다면 차라리 무인도에나 가서 살아야 험하지 않을 것이다.

【채근담의 말씀】

현자와 우인의 중간치인 재사는 생각하는 것이 많고 지식이 많아 억측을 일삼고 시기를 부리므로 더불어 일하기가 어렵다(唯中才的人 多一番思慮知識 便多一番憶度猜疑 事事難與下手). (전 219)

뉘우침은 어리석음을 쫓는다

 현명한 사람은 뉘우치되 안타까워하지 않는다. 잘한 일이면 숨기고 잘된 일이면 남의 공으로 돌리는 것이 덕(德)이다. 덕에 따라 생각하고 덕에 따라 행동하는 것이 현(賢)이다. 남을 살피기 전에 먼저 자신을 살펴 부끄럽지 않게 할 줄 아는 것이 명(明)이다. 그래서 현명한 사람은 언제나 스스로 반성하며 산다.
 배가 부른 뒤에 음식을 따지면 맛있는 음식, 맛없는 음식의 구별이 없어진다. 입속에 사탕이 들어 있으면 다시 사탕을 먹어도 달지 않은 법이다. 그러므로 사람이 일을 다한 다음 잘잘못을 스스로 가려 살핀다면 누구나 현명하게 다음 일을 맞이할 수 있는 일이다.

【 채근담의 말씀 】

사람이 항상 일을 마친 뒤에 뉘우침으로써 어리석었음을 깨우친다면 마음이 저절로 바르게 잡힐 것이다(人常以事後之悔悟 破臨事之癡迷 則性定而動無不正). (전 26)

대인(大人)은 과시하지 않는다

 짖는 개는 무시하되 묵묵히 있는 개는 조심하라. 짖는 개는 물지 못하는 까닭이다. 족제비가 살쾡이를 만나면 이빨을 내세운다. 살쾡이가 사냥개를 만나면 이빨을 드러내고 으르렁거린다. 족제비가 살쾡이에게 허세를 부리는 것이고, 살쾡이도 사냥개에게 허세를 부리는 꼴이다.

 대인(大人)은 허세를 부리지 않는다. 시비를 걸어 이길 생각도 없고, 다투어 싸울 생각도 없는 까닭이다. 힘 겨루기를 해 승패를 짓자는 것은 속이 좁은 탓에 빚어지는 허세일 뿐이다. 허세는 과시하기를 좋아하고, 과시하다 보면 속 빈 강정처럼 부서지고 만다.

 겸손은 약해 보이고 오만은 강해 보인다. 그러나 겸손함이 오만함을 이겨낸다. 그래서 약한 것이 강한 것을 이긴다는 게다. 마음이 넓고 깊은 사람은 알아도 모른 척하며, 재주를 과시해 자기를 돋보이려 하지 않는다. 모든 일에 겸허하고 겸손할 뿐 할 일이면 성실히 하고 하지 말아야 할 일이면 물러난다. 이러한 처신이 큰 일을 두 어깨에 짊어지는 역량이다.

【채근담의 말씀】

> 매는 앉아 있되 조는 것 같고 호랑이의 발걸음은 걸어가되 병든 것 같다. 그러나 그런 짓에 사람을 덮치고 낚아채는 수단이 숨어 있다(鷹立如睡 虎行似病 正是他攫人噬人 手段處). 확(攫) 서(噬) (전 200)

가까이하되 물들지 않는다

좋은 사람과 함께하면 좋고 나쁜 사람과 함께하면 나쁘다고 잘라 말할 것은 못된다. 착한 사람과 악한 사람이 따로 있는 것은 아니다. 사람은 누구나 착할 수도 있고 악할 수도 있다. 다만 선을 가까이하고 악에 물들지 않으려는 마음가짐이 있으면 그만이다.

명성과 부귀를 멀리하면 깨끗할 수 있다. 그러나 명성과 부귀를 가까이하고, 부귀를 누리면서도 그것에 물들지 않으면 더욱 깨끗하다. 명성에 사로잡혀 자신을 추하게 하면 더러운 것이고, 재물에 눈이 팔려 자신을 천하게 하면 추한 것이다.

알고 보면 권세보다 더럽고 치사한 것은 없다. 권세는 승패를 가리려 하므로 권세를 두고 싸움을 하게 마련이다. 그래서 권세를 두 마리의 개가 물고 있는 고깃덩이 같다고 한다. 권세를 물리치고 초야(草野)에 숨는다고 해서 깨끗한 것은 아니다. 가까이 할지언정 물들지 않으면 더욱 깨끗하다. 그러므로 더러운 것 속에서 깨끗한 것이 더욱 청결하다.

【채근담의 말씀】

권세와 명리의 번화함을 가까이하지 않는 이가 깨끗하지만 가까이할지라도 물들지 않으면 더욱 깨끗하다(勢利紛華不近者爲潔 近之而不染者爲尤潔). (전 4)

삶을 누리는 것이 행복이다

철없는 인생은 잠깐 있을 뿐이다. 다섯 살을 넘어서면 철없는 인생은 사라진다. 나름대로 해야 할 일이 생기는 까닭이다. 한 그루의 나무를 보면 인생을 알 수가 있다는 게다.

철든 사람은 행복을 요구하지 않는다. 나무가 봄에 가을 열매를 맺을 수 없음을 아는 까닭이다. 해야 할 일을 지겨워하지 않으면 마음도 따라 가볍게 된다. 일하는 보람을 모르면 행복할 권리를 잃는다. 일하지 않았으면 먹지 말라는 말이 그래서 생겼다.

행복한 인생은 서로 돕는 삶에 있다. 서로 돕는 것을 복이라고 한다. 마음이 복을 행하려고 하면 저절로 성실해지고, 마음이 남을 해치려고 하면 저절로 험해진다. 삶을 험하게 하면 그것이 곧 재앙이다. 재앙은 남을 해치려고 하면 어김없이 찾아온다.

【 채근담의 말씀 】
남을 해치려는 마음을 버림으로써 재앙을 피하는 방도로 삼을 뿐이다(去殺機以爲遠禍之方而已). (전 70)

너와 나를 분별할수록 괴롭다

 창문을 열고 밖으로 열린 빈 하늘을 보라. 멀리 푸른 산이 빈 하늘을 타고 산 위를 흘러가고 있는 구름을 보라. 산허리에 아직 안개가 자욱하다면 밤사이에 땅에 있던 물기가 바람을 타고 올라가 머뭇거리고 있음을 생각해 보라. 아름다움은 그런 순간에 있는 것이다.

 수풀 속에는 산새와 짐승들이 살고, 풀밭에는 이름 모를 벌레들이 산다. 목숨이 있는 것들이 목숨이 없는 것들 속에 안겨 산다는 것을 생각해 보라. 그러면 하늘이 얼마나 고맙고 땅이 얼마나 고마운가를 알리라. 이러한 순간에 자연이란 것이 둥지가 됨을 알 수 있다. 천지가 온갖 생물의 보금자리라는 것을 헤아리면 곧장 언제나 황홀해진다. 황홀 그것은 나와 너를 하나이게 한다.

【 채근담의 말씀 】

온갖 사물과 내가 하나임을 알라(知物我兩忘). (후 61)

해야 할 일이면 갈고 닦는다

한 번 해 보고 안 된다고 다른 것으로 바꾸면 아무 일도 마감할 수가 없다. 해야 할 일을 정하기는 어렵게 하되 정했으면 한눈을 팔지 말아야 한다. 한 우물을 파야 마실 물을 얻는 법이다.

물방울이 바위 구멍을 내고, 새끼줄을 톱이라고 여기면 나무를 잘라 낼 수가 있다. 다만 시간이 걸릴 뿐이다. 정성은 시간이 걸리고, 긴 시간은 성실해야 잡을 수가 있다. 성실한 사람은 무던한 인내심을 지닌다.

참고 기다릴 줄 모르면 아무것도 기대하지 마라. 참새를 보고 새 구이를 생각하는 것은 철없는 짓이다. 달걀이 병아리가 되자면 필요한 시간과 절차를 밟아야 한다. 열매꼭지를 억지로 따면 씨앗이 여물지 못한다고 한다. 여물지 못한 씨앗은 제 구실을 할 수가 없다.

게을러지려는 자신을 채찍질하는 사람은 삶의 도(道)를 닦는 셈이다. 삶은 걸어가야 할 길과 같다. 샛길을 찾거나 지름길이 없나 하고 곁눈질을 하지 말라는 게다. 인생을 곁눈질하는 것은 추운 겨울을 겪고 나서야 봄에 겨울옷을 찾는 꼴과 같다.

【채근담이 말씀】

물이 모이면 내가 되고, 참외가 익으면 절로 꼭지가 빠진다(水到渠成 瓜熟帶落). (후 109)

독점할수록 탈이다

이제는 이삭줍기가 없어졌다. 그러나 옛날에는 부자의 논에 떨어진 이삭을 주워 겨울 양식에 보탰던 가난한 사람들이 많았다. 그래서 이삭을 남기면 가난한 목숨이 겨울을 넘긴다고 했다.

후덕한 부자와 인색한 부자를 알아보려면 가을걷이를 한 다음 논밭에 나가 보면 안다는 옛말이 있다. 인색한 부자의 논에는 이삭이 없고, 후덕한 부자의 논에는 이삭이 떨어져 있었던 까닭이다.

인색한 부자는 벼이삭을 논에 떨어지지 않게 하라고 성화를 부리고, 후덕한 부자는 벼이삭을 보고도 못 본 체한다는 게다. 가난한 사람들이 이삭을 줍게 남겨 두었던 셈이다.

가난한 사람들은 이삭만 줍고 떨어진 벼 낱알은 남겨 두었다. 이삭은 가난한 사람들의 겨울 양식에 보탬이 되었고, 곡식 낱알은 들쥐들의 겨울 양식거리가 된다고 생각했었다. 이처럼 나름대로 마음에 여유가 있었다. 이삭을 남길 줄 모르는 세상은 각박하고 강퍅해진다. 사람들이 저마다 마음의 여유를 잃어버린 까닭이다. 독식하고 독점하고 독차지하려는 마음이 기승을 부리면 세상은 도둑의 소굴이 되고 편할 수 없다.

【채근담의 말씀】

만약 일이 제 욕심대로 되기를 바라고 공로마저 독차지하기를 바란다면 마음에 변덕스러운 욕심이 생겨 반드시 밖으로부터 화를 불러들인다(若業必求滿 功必求盈者 不生內變必召外憂). (전 20)

편들기 전에 생각한다

'마음이 큰 사람은 패를 짓지 않고 어울리지만 마음이 좁은 사람은 패를 짓고 어울릴 줄 모른다'. 공자의 말씀이다. 무리를 짓기 좋아하는 사람은 달면 삼키고 쓰면 뱉기를 마다하지 않는다.

팔은 안으로 굽는다는 말에 넘어가서는 안 된다. 미운 놈에게 떡 하나 더 준다는 속담이 있다. 사람과 사람이 만나면 일이 생기게 마련이다. 그럴 때는 사람을 생각하지 말고 일을 살펴야 한다.

사람은 누구나 사사로운 정에 끌리기 쉽고 욕심을 버리기가 어렵다. 무조건 욕심을 버릴 것이 아니라 욕심을 부리게 된 내용을 곰곰이 생각해 보고, 그 연유를 알아보려고 노력해야 한다. 이러한 노력에서 남에게서는 배울 수 없는 삶의 지식을 얻는다.

무엇을 안다고 다 되는 것은 아니다. 지식은 실천해야 사는 일과 관계를 맺는다. 아는 것을 실천으로 옮기느냐 마느냐는 마음먹기에 달렸다. 이때 의지(意志)가 드러난다. 의지는 인내와 더불어 있어야 한다. 그러므로 마음이 큰 사람은 어떤 일을 살피고 난 다음 자신의 의지에 따라 남을 위해 제 욕심을 버리기 위하여 자기를 먼저 다스린다. 자기를 다스리는 자는 참을 줄 안다.

【채근담의 말씀】

지식은 악한 것을 살펴 파괴하므로 밝은 보물이고, 의지는 사악한 마음을 말살하므로 슬기로운 칼이다(蓋識是一顆照魔的明珠 力是一把斬魔的慧劍). (전 125)

한순간보다 일생을 생각하라

사람은 저마다 일생을 맞이하는 운명을 지닌다. 운명은 살아 있는 동안 밝을 수도 있고 어두울 수도 있다. 한순간 섬광처럼 밝게 살다 영영 캄캄한 삶을 보내는 것보다 더 어리석은 짓은 없다.

자신의 인생을 하나의 등불이라고 상상하자. 등불을 밝히자면 기름을 넣어야 한다. 게으른 사람은 등에 기름을 넣을 줄 모르고 태우려고만 하는 자와 같다. 야심에 불타는 사람은 기름을 한꺼번에 모조리 태워 큰 불꽃으로 눈부시게 하려는 자와 같다.

그러나 등불의 불꽃은 기름이 떨어지면 꺼지고 만다. 삶이 등불처럼 밝으려면 기름이 떨어지지 않게 해야 한다는 것은 변하지 않는 이치다. 이러한 이치를 살피라는 말씀이 곧 도덕(道德)이다.

도덕은 불꽃의 밝기를 알맞게 해 준다. 알맞은 삶의 빛을 밝히려는 사람은 삶이란 반복되지 않음을 뼈저리게 안다. 그래서 한순간 한순간 진실하려고 한다. 진실이란 무엇인가? 자기를 속이지 않는 것에서 시작되는 이치다. 일해야 하는 순간을 훔쳐서 논 다음에 오는 후회 같은 것이 자기를 속일 수 없다는 증명이다. 자기를 속여 스스로 처량하게 하는 것은 스스로 삶을 지워 버리는 셈이다.

【채근담의 말씀】

한순간 쓸쓸하게 될지언정 죽은 뒤에까지 처량하게 될 짓을 범하지 않는다(寧受一時之寂寞 毋取萬古之凄凉). 무(毋) 〈전 1〉

명성은 거추장스럽다

일이 바빠 정신없다고 아무런 거리낌없이 말한다. 그러나 정신을 팔고 사는 것은 무거운 짐더미에 짓눌려 질식한 것과 다를 바 없다. 갖가지 일에 붙들려 얽매이는 것은 덤불 속에서 비질을 하는 것과 같다.

명성을 얻어 유지하려면 하기 싫은 일도 억지로 하게 된다. 어수선한 일들이 시간을 모조리 빼앗아 가 몸둘 틈이 없어지면 마음도 지치고 몸도 늘어진다. 그러면 살맛을 잃고 명성이란 허깨비에 걸려든 꼴이 된다.

명성이란 허깨비는 밤낮으로 이름을 더 빛나게 하라고 조른다. 끌려 사는 인생은 꼭두각시의 인생이다. 허깨비의 홀림에서 풀려나자면 수선스럽게 잡다한 일에서 벗어나는 게다. 한 가지 일에만 몰두하는 사람은 제 이름을 잊게 되고, 이름 나기를 잊으면 산다는 일이 한결 가볍고 편해진다. 명랑한 생활을 누리고 싶다면 명성의 홀림에 걸려들지 말아야 한다.

【채근담이 말씀】

이름을 내려고 자랑하는 것은 이름을 숨기는 것만 못하다(矜名不若逃名趣). (후 31)

남의 허물은 용서해 주라

 칭찬은 넉넉할수록 좋고 흉보기는 인색할수록 좋다. 책망은 뒤로 미룰수록 부드러워지고, 자책은 빨리 할수록 가뿐하다. 나를 엄하게 다스리되 남에게는 관대하게 하라. 이러한 말씀들은 내 자신을 겸허히 하라는 게다.

 남에게 화를 내는 것은 분풀이와 같다. 잘못을 두고 꾸짖는 것은 그 잘못을 되풀이하지 않게 보살펴 주는 것만 못하다. 남의 실수를 허점으로 잡는 것은 야박한 짓이며 남의 허물을 약점으로 이용하려는 심사는 잔인한 속셈이다. 스스로 야박하게 되고 잔인하게 되면 스스로 천하게 될 뿐이다.

 남을 흉보거나 꼬집는 것은 누워 침을 뱉는 셈이다. 흉보면 입이 험해지고, 꼬집는 입은 더러워진다는 것을 알아야 한다. 남을 흉보고 싶을 때 칭찬할 거리가 없는지 다시 한번 생각한다면 시궁창에 핀 연꽃처럼 마음이 청초해진다. 마음이 청초해지면 부끄러운 자신을 놓치지 않고 질책하게 된다. 자신을 꾸짖고 엄격하게 하는 사람은 남을 용서할 줄 안다.

【채근담의 말씀】

남의 허물은 마땅히 용서할 것이며 자신의 허물은 용서하지 말아야 한다(人之過誤宜恕 而在己則不可恕). (전 168)

하루라도 우울하게 보내지 마라

하늘은 흐리다가도 맑고, 맑다가도 흐리게 마련이다. 맑은 하늘은 햇살을 내리고 흐린 하늘은 비를 내려 땅 위의 모든 생물을 살도록 한다. 하지만 하늘이 찌푸리면 새들도 근심을 한다는 게다. 태풍이 불어오거나 폭우가 쏟아질는지 몰라서다.

사람의 마음은 청명할수록 생기를 얻는다. 마음을 찌푸린 하늘처럼 간직하면 마음속에 태풍이 일고 폭우가 쏟아진다. 분노하는 것, 증오하는 것 등등은 모두 마음이 불어 내는 폭풍이요, 쏟아 내는 폭우다.

하늘에 태풍이 불면 초목이 상처를 입고, 폭우가 내려 홍수가 지면 물고기도 냇가로 나와 풀 포기를 물어야 살아남는다. 마음이 분노와 증오에 매달리면 태풍보다 더 앙칼지고 폭우보다 더 무자비하다. 이러한 위기로부터 내 마음을 구하자면 먼저 마음속을 찌푸린 하늘처럼 우울하게 하지 말아야 한다. 암담하고 캄캄할수록 마음속에 촛불을 켜라. 그리고 자신이 살아 있음을 기뻐하라. 이것이 참다운 용기가 아닌가!

【 채근담이 말씀 】

마음속에 단 하루라도 기쁨이 없어서는 안 된다(人心不可一日無喜神). (전 6)

무정하되 매몰차지 마라

 무정(無情)은 무조건 정을 부정하는 것은 아니다. 나만을 생각하려는 정(情)을 부정할 뿐이다. 그러므로 무정하다는 것은 한없이 남을 사랑할 수 있는 여유를 위해서다.

 매몰찬 사람은 자기밖에 모른다. 남이야 죽든 말든 아랑곳하지 않고 자기만 좋으면 그만이라는 사람은 오뉴월 서릿발보다 더 차갑다. 따뜻한 사람은 자신에게 무정할 뿐 남에게는 유정(有情)하다.

 불교는 완공(頑空)에 떨어지지 말라고 한다. 왜 이렇게 말할까? 비우라는 것[空]은 무정하라 함인데, 빈 것만을 고집하다 보면 오히려 매몰찬 인간이 되거나 목석 같은 인간이 되고 말기 때문이다.

 등불이 꺼지려고 하면 기름을 부어 주어야 하고, 홑옷이 추위를 막지 못하면 솜옷으로 갈아입어야 한다. 내 욕심을 앞세우고 탐욕을 부리는 것은 남의 옷 속에 든 솜을 훔쳐 내는 짓과 같다. 나만 따뜻한 것으로 족하다고 하는 사람은 매몰찰 뿐 무정의 참뜻을 모른다.

【 채근담의 말씀 】

몸이 마른나무 같고 마음이 차디찬 재 같다면 완공에 떨어질 수밖에 없다(身如槁木 心似死灰 不免墮在頑空). (후 14)

한가롭고 황홀할 줄 아는가?

 물질은 사납게 하지만 자연은 진정시킨다. 물질은 소유하게 하고 자연은 소유하지 말라고 한다. 물질을 소유하면 재물이 되고, 재물이 많으면 부자가 된다는 아우성이 우리를 불행하게 한다. 재물로 보면 황금과 모래는 다르다. 그러나 자연으로 보면 황금과 모래는 다를 바가 없다. 오히려 황금보다 모래가 더 아름다울 수도 있다. 노을이 물들 무렵 강가 모래밭에 서서 흘러가는 강물을 바라본 적이 있는가? 푸른 강물과 황금빛 노을 사이에 하얗게 뻗어 있는 모래밭이 연인이 흔드는 손수건 같다는 상상을 해 본 적이 있는가? 이러한 순간을 즐기는 사람은 소유욕으로 몸살을 앓지 않으리라.

 산천에 나가서는 물질을 잊을 것이요, 재물을 잊을 것이다. 그렇지 못하고 한평에 얼마나 갈까를 속셈하는 복부인이 된다면 자연이 주는 선물을 받을 자격을 상실한다. 자연이 주는 선물이란 무엇일까? 그것은 마음의 고요이며 마음의 황홀함이다. 나를 한가롭게 하고 나를 편안하게 하는 것은 백화점에 가서 살 수 없는 행복의 즐거움이 아닌가!

【채근담의 말씀】

숲 속의 솔바람 소리, 돌 위를 흐르는 샘물 소리는 가슴속을 진정시키고 저절로 들려와 천지자연이 곧 악기요, 노래라는 것을 알려 준다(林間松韻 石上泉聲 靜裡聽來 識天地自然鳴佩). (후 64)

그저 이루어지는 것은 없다

동백은 한 송이 꽃을 피우기 위하여 8개월 이상 공들인다. 7월에 꽃망울을 맺어 이듬해 3월에 가서야 겨우 꽃망울을 틔운다. 성공한다는 것, 성취한다는 것은 동백나무처럼 숨어서 땀을 흘린 다음에 얻는 꽃송이와 같다.

허영이나 허욕은 숨은 땀을 흘리지 않고 단번에 얻어 보려는 심사에 불과하다. 언제나 일찍 일어난 새가 모이를 많이 찾는 법이다. 참새 떼가 지나간 자리에는 참새가 앉지 않는다.

밤밭에 일찍 간 사람은 밤송이들이 벌어져 있는 알밤을 줍고, 뒤늦게 간 사람은 밤 쭉정이를 밟는다. 남모르게 부지런한 사람은 작은 일이라도 정성을 쏟는다. 그렇지 않고 단번에 한몫 잡자고 덤비면 죄를 짓게 마련이다.

뜻이 큰 사람일수록 시간을 금쪽처럼 아껴 쓰고 조심조심 모든 사물을 눈여겨보면서 새삼스럽게 마주한다. 그리고 품은 뜻을 화사한 꽃처럼 피우기 위하여 자신의 마음속 뿌리를 튼튼히 하면서 남모르게 땀을 흘린다. 그리고 피운 꽃을 자랑하지 않고 숨어서 향기롭기를 바란다.

【채근담의 말씀】

세상을 휘어잡는 뛰어난 경륜도 알고 보면 그 이전에 깊은 연못에 들어가듯이, 엷은 얼음판 위를 걷듯이 조심스럽게 비롯된 것이다(旋乾轉坤的經綸 自臨深履薄處操出). (전 132)

욕심은 가시나무와 같다

나무 타는 재주가 뛰어난 원숭이지만 아무 나무나 다 올라가는 것은 아니다. 가시나무에 달려 있는 열매를 원숭이는 탐하지 않는다. 열매를 탐하다 제 몸에 상처를 낸다는 것을 아는 까닭이다.

뉘우치고 후회하는 짓을 범하는 동물은 사람밖에 없다. 뉘우치는 것보다 그 뉘우침을 사전에 피하는 것이 좋고, 후회할 짓은 처음부터 하지 않는 것만 못하다. 뉘우침이나 후회는 욕심에서 돋아난 가시와 같다. 그 가시는 마음을 찔러 아프게 하고 마음속에 상처를 남긴다.

【 채근담의 말씀 】

명리는 엿처럼 달지만 죽음의 길로 통한다는 생각에 이르면 그 맛이 밀랍처럼 뻑뻑하다(名利飴甘 而一想到死地 便味如嚼蠟). 이(飴) (후 24)

수수해야 아름답고 귀하다

젖먹이의 볼에 젖때가 묻어 있으면 추하기는커녕 오히려 보기가 좋다. 젖때도 하나의 땟자국이지만 왜 보기에 추하지 않을까? 젖먹이의 마음속이 수수하기 이를 데 없는 까닭이다.

어린애의 얼굴에 화장을 하면 눈뜨고 볼 수 없을 것이다. 있는 그대로가 더 아름답다. 아름다운 것을 꾸미면 추하게 된다. 그러나 추한 것을 꾸민다고 아름답게 되는 것은 아니다. 속임수로 위장한 것에 불과하다.

아름답거나 귀한 것은 꾸미는 데서 나오는 것이 아니라 수수한 것에서 나온다. 그래서 모래를 고마워하지 않는 사람은 사금을 얻지 못하고, 산을 업신여기는 심마니는 산삼을 만나지 못한다고 하는 게다. 수수하다면 이미 아름답고 귀하다.

【채근담의 말씀】

황금은 광산에서 나오고 백옥은 돌에서 나온다(金自鑛出 玉從石生). (후 85)

세상이 험한 것은 아니다

 세상이 뜻대로 안 된다고 한탄하는 것은 넋나간 짓이다. 내 마음대로 할 수 있는 것은 입 안의 혀밖에 없다. 당치 않는 일을 저질러서 낭패한 경우를 당하면 혓바닥이 석 자나 빠졌다고 한다. 이는 제멋대로 하다가 망신을 당했다는 욕이다.

 내가 마음을 험하게 먹으면 세상은 험하게 보이고, 내가 마음을 넉넉하게 먹으면 세상은 넉넉해진다. 마치 세상은 내 마음의 그림자처럼 모습을 짓는다. 의심이 의심을 하는 것이지 믿음이 의심을 불러오는 것은 아니다. 남을 믿기 어렵다면 남도 나를 믿기 어려움을 알아야 한다. 사기를 당할지언정 사람을 믿는 사람은 사기꾼을 잡는 포도대장이다.

 의심은 항상 험악한 길을 튼다. 험악한 길에는 함정도 많고 덫도 많다. 함정을 파고 덫을 놓으면 누군가가 빠지기를 바라는 셈이다. 여기서 거짓이 생긴다. 그래서 사기꾼이 사기꾼을 만든다고 하는 게다. 이보다 더한 인간의 결함은 없다.

 믿는 도끼에 발등 찍힌다. 이런 속담은 사람을 믿지 말라는 경고다. 그러나 손에 도끼를 들고 믿었던 것이 탈이다. 관대하고 치우치지 않는 마음은 도끼를 들지 않는다. 그래서 마음속에 소 잡는 칼이 없다면 세상이 도살장이 될 수 없다는 게다.

 세상을 험하다고 흥보면 세상은 등을 돌린다. 어디 세상에 사람만 사는가? 산도 있고 강도 있으며 풀벌레도 함께 있다. 사람을 믿었다가 낭패를 당했다면 그 사람을 생각하지 말고, 맑고 텅 빈 하늘을 생각하거나 우뚝 솟아 듬직한 산을 생각할 일이다. 그러면 마음속에서 날을 세우려던 소 잡는 칼은 사라질 수 있다. 관대한 마음, 훈훈한 마음은 이렇게 해서 자리를 잡는 법이다.

> 【채근담의 말씀】
> 마음을 푹 놓고 항상 관대하며 치우침이 없어짐을 안다면 세상에서 험악한 인정은 저절로 없어질 것이다(此心常放得寬平 天下自無 險側之人情). (전 97)

인생은 베짜기와 같다

 있는 것이면 없는 것이다. 이런 말은 이치에 맞지 않는 것처럼 들린다. 그러나 곰곰이 생각해 보면 있다가 없어지는 것이 곧 존재의 본래임을 알 수 있다. 어느 것이든 무상(無常)하다. 그러므로 애걸복걸할 것도 없고 목숨 걸고 하자는 막 가는 생각을 할 필요도 없다.

 변화가 존재함을 체험하게 한다. 변화하면서 나는 누구인가를 살피게 되고, 삶의 올을 어떻게 짜 가야 하는가를 자문하게 된다. 이렇게 나는 철들어 가고 여물어 가면서 내 운명의 순간을 후회 없이 하기 위해 한 필의 베를 짜려고 베틀 위에 앉은 직녀(織女)가 된다.

 그대는 인생을 상대적으로 비교하려고 하는가? 그렇다면 그대는 남의 베틀에 앉아 보려고 기웃거리는 것과 다를 바가 없다. 그대의 인생은 그대의 것이므로 그대가 손수 올실과 날실을 골라야 한다.

 인생을 짜는 날실과 올실을 물질로만 보지 마라. 인생을 직조하는 재료는 밖에 있지 않고 마음 안에 있는 까닭이다. 절제와 욕망이 날실과 올실이 되어 인생을 짠다. 날실과 올실이 헝클어지면 베를 짤 수 없는 것처럼 인생도 그와 같다.

 베를 짜는 솜씨가 베의 품질을 결정하듯이 인생 역시 살아가는 솜씨에 달려 있게 마련이다. 베를 짜게 하는 물질인 실이 중요한 것이 아니라 그 실을 올올이 다루어 가는 마음가짐이 더 중요하다. 인생의 한 올 한 올을 정성껏 열심히 다루어 가는 자는 인생의 비단을 짠다.

【채근담의 말씀】

물질에 얽매인 사람은 역경을 미워하고 순탄하기를 좋아하므로 사소한 일들이 그를 얽어맨다(以物役我者 逆固生憎 順亦生愛 一毛便生纏縛). (후 94)

선악(善惡)은 마음속에 있다

 사람이 하는 일에는 선악이 따라붙게 마련이다. 그러나 일이 잘되면 선이고 잘못되면 악인 것은 아니다. 잘하자고 한 일이 잘못될 수도 있고 처음부터 잘못된 일이 잘될 수도 있다. 요행을 바라고 하면 일이 그렇게 되기 쉽다. 마음이 요행이란 미끼를 물면 선악의 갈림길에 서게 된다. 선악의 갈림길에 섰을 때 악이 선으로 돌아갈 수도 있고 선이 악으로 돌아갈 수도 있다. 악을 범해 놓고 남들이 알까 봐 두려워한다면 그 사람은 비록 악을 범했지만 선으로 돌아갈 길이 그의 마음속에 남아 있는 셈이다.

 선행일수록 감추어야 하는 것은 선이 겸허한 마음속에 있기 때문이다. 오만하고 건방져 경박한 마음은 선한 것을 선전거리로 생각한다. 숨어 있는 선행은 그믐밤의 등불 같지만 선전하려고 하는 선행은 생쥐 앞의 고양이 같은 속셈을 감추고 있기 쉽다. 선의 탈을 쓴 악보다 더 맹랑하고 추한 것은 없다.

 죄는 미워하되 사람은 미워 말라 하지만 완전 범죄를 노린 자를 용서할 수는 없다. 완전 범죄를 노리는 인간의 마음에는 선이 붙어 있을 틈이 없으면서도 선한 척하려고 발톱을 숨긴다.

【채근담의 말씀】

선행을 한 다음 남이 빨리 알아주기를 바란다면 그 선 속에 악의 뿌리가 숨어 있는 까닭이다(爲善而急人知 善處卽是惡根). (전 67)

모든 일에 솔직하면 된다

처져도 안 되고 넘쳐도 안 된다. 알맞게 생각하고 행동하면 삶에서 걸림돌은 치워지게 된다. 물 컵에 물을 부을 때는 넘치지도, 그렇다고 밑바닥에만 차지도 않게 중허리쯤까지 부어 마신다. 마실 만큼만 부어 마시는 것과 같은 것을 중용(中庸)이라고 한다.

예가 지나치면 과례(過禮)다. 과례는 결례(缺禮)와 마찬가지다. 건방지고 오만한 것은 무례(無禮)다. 무례는 거친 것을 그대로 드러내는 것이며, 과례는 겉과 속이 다를 것이다. 마음은 음큼하면서 겉으로 상냥한 척한다면 마음속에 악이 자리를 잡는다.

검소하고 절약하는 것은 미덕이다. 그러나 지나치게 검소함을 고집하면 옹색해지고, 지나치게 절약을 앞세워도 자린고비가 되고 만다. 절약을 무시하면 탕진하는 버릇에 물들고, 검소할 줄 모르면 허영에 걸신이 들려 속 빈 인간으로 전락한다.

겸손 역시 지나치거나 처지면 비굴하게 보인다. 자신을 더럽히며 구걸하면 철저하게 천둥이가 된다. 나를 품위 있게 하는 것은 중용의 저울대로 달면서 생각하고 행동하는 데 있다. 그러면 남들에게 내 본마음을 의심받지 않는다.

【 채근담의 말씀 】

지나치면 공손함이 비굴해지고 삼가함도 비굴해져 본마음을 의심받게 된다(過則爲足恭 爲曲謹 多出機心). (전 201)

마음이 사물을 만난다

마음속에 눈이 있고 귀가 있으며 입이 있다. 얼굴에만 눈과 귀와 입이 있는 것은 아니다. 거친 것을 보면 마음이 그것을 보고, 부드러운 소리를 들으면 마음이 따라 듣는다. 얼굴의 눈으로만 보고 귀로만 듣는 사람은 잠자고 있는 것과 같다. 보는 사물마다 느낌을 일깨우고 생각을 피어나게 해야 살아 있는 게다.

마음은 머물러 있을 수 없다. 움직이며 흐른다. 흐르되 조용히 흐르면 고요한 마음이고, 거칠게 흐르면 산란한 마음이다. 산란한 마음은 조바심에 놀아나 성급하게 되면 회로가 얽힌 전자 제품처럼 된다.

흔한 사물일지라도 새삼스럽게 맞이하는 눈이 있고 귀가 있다면 아름다운 곳이 따로 없다. 참으로 자연을 사랑하는 사람은 경치를 찾아 관광을 하러 가지 않는다. 절경이 따로 없다는 것을 아는 사람은 길가의 돌부리를 만나도 반갑고 새삼스럽다.

【 채근담의 말씀 】

마음의 본바탕을 볼 수 있다면 마음은 항상 메마르지 않으며 살아 있는 정신은 사물을 만나면 나타난다(可見性天 未常枯槁 機神 最宜觸發). (후 90)

당당한 사람이 되라

 못난 사람이 조상 자랑한다. 자신이 없을수록 핑계를 둘러대거나 변명을 늘어놓는다. 이런 사람들은 지팡이를 짚지 않으면 서 있을 수 없다. 바깥 것에 기대어 자신을 뽐내다 보면 허수아비를 보고 놀라 달아나는 참새 꼴을 면하기가 어렵다.
 업적을 드러내 자기를 알아달라고 하면 숨은 야심을 구걸하는 거지에 불과하고, 문장을 잘한다고 자랑한다면 조롱에 갇힌 꾀꼬리로 둔갑하는 경우가 허다하다. 아는 것이 많아야 당당한 것은 아니다.
 무식한 하인이 유식한 주인을 모시고 산길을 가고 있었다. 사나운 짐승을 만나게 되자 유식한 주인은 나무 위로 올라갔고, 무식한 자는 버티고 서서 사나운 짐승을 노려보았다. 이에 사나운 짐승은 기가 죽어 피해 달아났다. 나무 위에서 내려온 주인이 왜 가만히 서 있었느냐고 묻자 하인은, 산짐승이 제일 무서워하는 것이 사람인데 왜 도망을 치느냐고 반문했다. 사나운 짐승이 많은 깊은 산을 하인은 당당하게 걸어갔지만 유식한 주인은 겁이 나 두근거리면서 뒤를 종종 따라갔다. 자신을 믿으면 당당하다.

【채근담의 말씀】

마음 바탕이 밝아 근본을 잃지 않으면 작은 공적이 없고, 한 자의 글을 모를지라도 절로 당당한 사람이 된다(無寸功隻字 亦自有堂堂 正正做處人). (전 183)

마음을 집중해 일한다

 한 입으로 먹고 마실 수 없다. 하나의 일을 할 때는 그 일에 몰두할수록 일을 그르치지 않는다. 그러나 젊은이들은 이러한 말을 흘려들으려고 한다. 공부를 하자면 귓속에 이어폰을 박아 두어야 한다는 청소년들이 많다. 흥얼거리며 책을 읽거나 리듬에 몸을 팔면서 수학 문제를 풀어야 한다는 것은 마음이 한자리에 모아져 있지 않음을 말해 준다.

 몰두하는 사람은 끈질김이 무엇인가를 안다. 시간을 때우기 위하여 일하는 자와 어김없이 잘 마무리짓기 위하여 일하는 자를 동등하게 볼 수 없는 것은 마음가짐이 다르기 때문이다.

 일을 스스로 하면 즐겁지만 억지로 하면 따분하다. 따분하게 일하는 것은 일에 끌려가는 셈이고, 해야 할 일을 다잡아 하는 것은 일을 끌어가는 셈이다. 배우는 사람은 배울 것에 끌려다녀서는 안 된다. 배움은 스스로 끌고 가야 하는 까닭이다.

【 채근담의 말씀 】

배우는 사람은 정신을 한곳으로 모아 가다듬어야 한다(學者要收拾精神 倂歸一路). (전 44)

무모하면 험하게 된다

덫에 걸린 멧돼지는 물러설 줄 몰라 목숨을 잃는다. 세 발짝만 뒤로 물러나면 목을 조이는 덫줄의 올가미를 빠져나올 수가 있다. 그러나 멧돼지는 덫에 걸리면 오로지 전진하려고만 한다. 그러다 지쳐 결국 쓰러져 아까운 목숨을 잃는다.

돌격이나 돌진은 막판에 이른 전쟁터에서나 있는 일이다. 인생에는 어디에도 막 가는 전쟁터란 없다. 삶을 싸움처럼 여기고 사는 사람은 행복할 수도 없고 성공할 수도 없다. 싸움은 처음부터 적을 만들기 때문이다.

나아갈 때는 물러설 때를 생각하면 나아감에 탈이 없다. 무엇을 소유했을 때 상실할 것을 생각한다면 여유가 생긴다. 주저 없이 달리는 것만으로 갈 곳에 이르는 것은 아니다. 가다가 쉬고 다시 가야 먼 길을 갈 수 있는 것처럼 듬직해야 한다. 밝은 면과 어두운 면을 두루두루 살핀다면 저절로 듬직해진다. 듬직하면 옆 사람들을 편안하게 하고, 경박하면 옆 사람들이 불안해한다. 화롯가에 어린애를 놓아두지 말라고 하지 않는가!

【채근담의 말씀】

손을 내밀 때 문득 휘두르는 손찌검을 먼저 생각한다면 호랑이 등에 타는 위태로운 짓을 벗어난다(著手時 先圖放手 纔脫騎虎之危). (후 29)

행복은 어디에 있는가?

 마음이 밝으면 햇빛처럼 맑다. 햇빛이 쪼이면 곰팡이는 자라지 못한다. 성한 것을 썩게 하거나 썩은 것을 먹고 사는 곰팡이처럼 마음을 쓰면 인생은 초라해지게 마련이다. 슬프다고 마음을 닫아 어둡게 말 것이며, 기쁘다고 마음속을 드러내 섬광처럼 눈부시게 하지 말라. 밝음이 지나치면 어둠과 다를 것이 없다.
 맑은 봄날처럼 밝고 따뜻하게 삶을 맞이하라. 맑은 가을날처럼 밝고 선선하게 삶을 보내라. 마음가짐이 봄 같다면 항상 따뜻하고 포근하다. 마음가짐이 가을 같다면 여물어 거두어들일 것이 있다. 마음가짐이 그러하다면 행복은 바로 거기에 있고, 그 속에서 행복은 삶을 연다.
 막다른 골목에서는 생쥐도 고양이를 공격한다. 고초를 받는 자를 비웃거나 흉잡지 마라. 사나운 짐승이 따로 없다. 심하게 다루면 무엇이든 사나워진다. 남을 흉보거나 험담하는 것은 혀에 가시를 돋게 하는 것과 같다. 혀에 돋은 가시는 남을 찌르는 것이 아니라 바로 나를 찌른다. 남의 약점이나 아픈 곳을 들추어 괴롭히는 것은 흉터 자국에 상처를 내는 짓이다. 고초를 나누어 겪으면 아픔은 절반으로 준다. 고통을 나누어 지니면 삶은 서로 행복을 약속한다.
 아끼고, 탕진하지 마라. 아무리 튼튼한 기계라도 함부로 다루면 고장이 난다. 곡식은 적게 심어 놓고 많은 수확을 올리겠다고 비료를 너무 많이 쓰면 땅은 죽고 곡식은 미쳐 열매를 맺을 줄 모른다. 모든 사물을 아끼고 버리지 말 것이며 소중히 한다면 어느 삶이든 행복은 가까이에 있는 법이다.

【 채근담의 말씀 】

제 마음을 어둡게 말 것이며 남의 마음을 애타게 하지 말 것이며 물질의 힘을 끝까지 긁어 쓰지 말라(不昧己心 不盡人情 不竭物力). (전 185)

치졸한 것은 속물이 아니다

 어린애의 몸짓 하나하나는 어린 마음을 고스란히 드러낸다. 어린애의 마음은 곧 행동이며 행동은 곧 마음이다. 마음 따로 행동 따로 갈래짓기를 하는 것을 거짓이라고 한다. 거짓은 나이에 비례해 불어난다고 보아도 된다. 어릴수록 거짓을 모른다.

 능숙한 솜씨는 무엇이든 꾸미려고 한다. 꾸미는 것은 숨기고 감추는 것에 불과하다. 화장을 잘해 아무리 세련스럽게 보일지라도 있는 그대로의 어린애 얼굴을 당할 수 없다. 세련은 끼를 부리는 눈짓 같고 치졸은 어린이의 맑은 눈과 같다.

 꾸미고 다듬은 글보다 마음을 그대로 드러낸 글이 가슴을 더 파고든다. 그래서 졸문(拙文)이 미문(美文)보다 강하다고 한다. 꾸미지 않는 것이 졸(拙)이고 거짓이 없는 것이 졸이다. 나무토막은 졸이지만 그것을 깎고 다듬어 그릇을 만들면 기(器)가 된다.

 졸(拙)에는 무한한 가능성이 있지만 기(器)에는 변화의 가능성이 없다. 나무토막은 함지박이 될 수도 있고 널빤지가 될 수도 있으며 아름다운 조각품이 될 수도 있다. 그러나 함지박은 함지박 구실만 할 뿐이다. 이처럼 기(器)는 어떤 쓸모에 따라 정해져 버린다.

 마음이 나무토막과 같다면 모든 사물을 있는 그대로 받아들이고 맞이한다. 이것이 융통성이요, 넓은 도량이다. 넓고 깊은 마음일수록 졸(拙)의 참뜻을 헤아리며 생각하고 행동한다.

【 채근담의 말씀 】

글은 꾸밈없고 거짓이 없음으로써 나아가고, 도는 꾸밈없고 거짓이 없어야 이룩된다 (文以拙進 道以拙成). (후 93)

지나친 성취욕은 실패한다

 지나치면 성급해진다. 성급하면 순서를 무시하고 조바심을 낸다. 조바심은 새총을 보고 새 구이를 생각하거나 달걀을 보고 새벽을 알려 주기를 바란다. 그러나 조바심은 어느 것 하나 이루지 못한다.

 일을 잘 마무리지어 성취하려면 끝까지 도달하는 과정이 중요하다. 징검다리를 건너가듯이 신중하게 일하면 실패의 늪에 빠질 위험이 그만큼 작다.

 일에는 앞뒤가 있고 근본과 말단이 있으며 명암(明暗)이 있다. 이러한 이치를 무시하고 성공하기만을 바라는 것은 참으로 어리석은 짓이다.

 성공은 보장할 수 없다. 성공과 실패는 항상 이웃해 있는 까닭이다. 성공만을 욕심사납게 바라는 것은 무지개를 쫓는 것과 같다. 좋은 일이 있으면 궂은 일이 끼어든다[好事多魔]는 사실을 미리 알아둔다면 성공에 급급하여 안절부절못하며 목맬 일이 없다.

 일의 앞뒤를 잘 가려 하라. 그러면 뒤틀리는 일이 그만큼 줄어든다. 일의 근본에 따라 말단을 곁들이게 하라. 그러면 허물어지지 않는다. 또 일은 잘될 수도 있고 잘못될 수도 있음을 알라. 그러면 실망이나 좌절은 멀어진다. 이렇게 스스로 다짐하면서 일을 이루려고 하는 사람은 사나운 성취욕에 사로잡히거나 들떠 미쳐 버리지 않는다.

【채근담의 말씀】

일을 이룸에는 반드시 잘못될 수 있다는 것을 알면 성취해야 한다는 마음을 갖는 데 사로잡혀 굳어지지 않을 것이다(知成之必敗 則求成之心 不必太堅). (후 62)

덕망이 원한을 낳는다

 덕은 베풀되 공치사를 하지 않는다. 공치사를 하면 덕이 원한이 될 수 있는 까닭이다. 은혜를 저버리게 되는 것은 은혜를 입은 자보다 베푼 자의 탓이라고 생각한다면 은덕이 원한으로 돌변하지 않는다.

 사람을 키우는 것은 호랑이 새끼를 키우는 것과 같다는 말이 있다. 길러 주고 돌봐 주었으므로 그 대가를 바라면 그렇게 된다. 자연은 만물을 낳아 주고 길러 주지만 대가를 바라지 않으므로 만물들이 서로 존재하게 한다. 그러나 사람은 은혜를 입었으면 갚아 달라고 요구한다. 은혜를 갚아 달라고 하면 그 은혜는 짐이 된다.

 도움을 주었다고 생색을 내면 도움을 받는 사람은 초라하게 된다. 남을 초라하게 하거나 처량하게 하는 짓은 잔인하다. 이처럼 베푼 덕을 내놓고 자랑하면 그 되울림은 잔인한 파도가 되어 돌아오기 쉽다. 그러면 덕을 베푼 쪽이 배반했노라고 흥을 잡는다. 그러면 덕은 원한의 씨앗을 뿌린 결과를 불러오게 된다.

 왼손이 한 일을 오른손이 모르게 하라고 하지 않는가! 덕은 숨어 있을수록 향기롭고, 드러날수록 너저워진다. 덕을 베풀되 잊어버리는 것을 성덕(上德)이라고 한다. 반대로 대가를 바라고 덕을 베푸는 짓을 덕망(德望)이라고 한다. 덕을 베풀고 원한을 사지 않으려면 베풀어 준 은혜나 도움을 잊어버려야 한다.

> **【채근담의 말씀】**
>
> 원한은 덕망 때문에 비롯된다. 그러므로 남이 나를 후덕한 사람으로 여기게 하는 것은 덕망과 원한을 함께 잊도록 하는 것만 못하다(怨因德彰 故使人德我 不若德怨之兩忘). (전 108)

미워하기는 쉽고 버리기는 어렵다

 원한을 품기는 쉽지만 풀기는 어렵다. 원한은 흉터를 남기는 상처와 같은 까닭이다. 상처를 덧나게 하면 아픔이 더해지고, 그만큼 흉터도 크게 남는다. 남은 흉터가 상처를 떠올려 주는 것처럼 품은 원한은 점점 독해진다.
 숫돌에 칼을 갈면 갈수록 칼이 줄어줄듯이 복수의 칼을 갈면 갈수록 그만큼 사람은 소인이 된다. 소인은 원한을 주고받으며 앙갚음을 하려고 한다. 소인은 모든 것을 제 고집으로 요량하고 속셈한다. 그래서 소인배를 엄하게 다스리라고 하는 것이다.
 세상에는 갖가지 법이 있고, 법정에서 재판이 없는 날은 없다. 그만큼 세상이 소인배의 소굴이 되어 있다는 것이다. 강퍅하고 매몰찬 사람은 걸핏하면 법대로 하자고 악을 쓴다. 법을 믿되 사람을 믿지 못하는 세상에서는 사람은 점점 작아지고 법은 점점 험해지게 마련이다. 왜냐하면 소인배를 엄정하게 다루어야 하는 까닭이다. 그렇지 못하면 세상은 흙탕물 속에서 목욕하는 꼴이 된다.
 소인배들은 원한을 맺고 미워하기만 할 뿐 그 원한을 풀어 버릴 줄 모른다. 그래서 세상을 살벌하게 한다. 세상을 훈훈하게 하자면 소인배가 짓는 원한을 미워하지 않고 용서하며 사신이 소인배가 아닌지를 자문하는 길을 먼저 터야 한다. 그러한 길은 가시밭길로 시작되지만 걸어가다 보면 후련하게 확 트인 큰 길이 된다.

【 채근담의 말씀 】

소인배를 대할 때 엄하기가 어려운 것이 아니라 미워하지 않기가 어렵다(待小人 不難 於嚴 難於不惡). (전 36)

아름다운 덕은 넉넉하다

우주를 생각하면 우리가 사는 땅은 하나의 점보다도 작다. 그렇게 크나큰 우주를 안고 보살피는 손길을 노자(老子)는 덕(德)이라고 했다. 덕은 빈 것[虛]과 같다. 빈 곳이 없으면 아무것도 있을 수도 없고 담을 수도 없고 넣을 수도 없다. 마음도 빈 곳이 있어야 넉넉해진다. 넉넉한 마음은 무엇 하나만을 고집하지 않는다. 맑고 깨끗한 마음만 앞세우고 너그럽지 못하면 찬바람만 불게 된다. 추위를 탓하기 전에 추위를 피하게 하는 것이 덕이다.

넉넉한 마음은 의심하지 않는다. 모진 마음은 의심하기를 좋아하고 어진 마음은 믿기를 좋아한다. 믿고 무슨 일이든 하므로 어진 마음은 결단을 잘 내린다. 이익이냐 손해냐를 저울질하며 속셈을 차리지 않고 선한 쪽으로 서슴없이 결단을 내려 돕는다. 선하게 결단을 내려 돕는 것이 덕이다.

넉넉한 마음은 티를 내지 않는다. 알면서도 모른 척하면서 잘난 체하지 않으며 강직하다고 바른 것에만 매달려 매정한 매를 들지 않는 것이 덕의 아름다운 모습이다. 그래서 덕은 달면서도 달지 않고 짜면서도 짜지 않다고 하는 것이다.

【 채근담의 말씀 】

> 깨끗하면서 너그럽고 어질면서 결단을 잘 내리며 총명하면서 허물을 꼬집지 않고 강직하면서도 꼿꼿하기만을 고집하지 않는다(淸能有容 仁能善斷 明不傷察 直不過矯). (전83)

시비를 멀리할수록 좋다

 말꼬리를 잡고 시비를 거는 사람은 무섭다. 시비 속에는 싸움을 걸자는 속셈이 숨어 있기 때문이다. 그러나 시비는 하나만 알고 둘은 몰라 빚어지는 다툼에 불과하다. 시비에는 승패가 없다. 삶의 시비에서 승자가 되기를 원한다면 쌓이는 것은 환멸뿐이다.

 세상은 셈본이 아니다. 하나에 하나를 보태면 둘이 되지 않는 것이 세상이다. 이익을 남기자고 한 짓이 손해를 보게 되는 것이 세상이다. 이러한 세상의 물정을 안다면 인정이 변덕스럽다고 애태울 것은 없다.

 세상의 맛은 달기도 하고 쓰기도 하다. 달다고 우쭐대지 말 것이며 쓰다고 투정하지 말 것이다. 삶을 자연스럽게 맞이하고 자연스럽게 보내면 하루하루가 종달새가 노래하는 아침처럼 될 수 있는 일이다.

【 채근담의 말씀 】

세상맛을 샅샅이 알고 나면 덧없기 짝이 없는 세태에 맡길 뿐이다(飽諳世味 一任覆雨飜雲). 암(諳) 복(覆) 번(飜) (후 80)

더할수록 괴롭고 덜수록 편하다

인생은 무거울 수도 있고 가벼울 수도 있다. 등짐을 지어야만 무게를 느끼는 것은 아니다. 무거운 등짐이 몸을 지치게 하면 잠깐 내려놓으면 그만이다. 그러나 마음에 짊어진 짐은 아무리 무거워도 내려놓기가 쉽지 않다. 마음에 짊어진 짐을 욕심이라고 한다.

욕심 중에서 가장 무거운 짐이 욕망이다. 욕망은 무엇이든 마음을 지나치게 몰아치려고 한다. 또한 마음을 숨차게 하고 조급하게 해 끓는 물처럼 만들려고 한다.

놀음의 욕망은 수렁과 같아서 한번 빠지면 나오기가 어렵다. 놀음의 욕망은 날이 갈수록 깊어지는 까닭이다. 놀기를 좋아하다가 걸려드는 놀이의 욕망은 사람을 게으르게 하고, 끝내는 망나니가 되게 한다. 그래서 놀이의 욕망을 버리면 잔고생을 면한다는 게다.

입이 가볍고 수다스러운 것도 언어의 욕망에 속한다. 한번 뱉어 낸 말은 주워담을 수 없다. 말이 많으면 과실이 따르게 마련이다. 입을 무겁게 하면 언어의 욕망을 버릴 수가 있다. 그러면 과실을 범하지 않을 수 있다.

소심하면 지질구래한 것을 두고 마음속을 태운다. 이 생각 저 생각이 얼키고설켜 정신을 소모하게 될 뿐이다. 불면증에 걸린 사람들을 보라. 헛된 생각을 일삼다가 알 수 없는 욕망의 굴레에 걸려들고 만다. 자잘한 생각을 끊어 버리고 항상 밝게 생각하면 마음속을 태우지 않을 수 있다.

마음속에 채워 더하는 것보다 그 속을 비워 덜어내는 편이 인생을 가볍게 한다. 욕망을 덜어내는 사람은 사는 일이 편하고 욕망을 더하는 사람은 사는 일이 날마다 무거워진다.

【 채근담의 말씀 】

날로 덜지 못하고 날로 더하기만을 구하는 사람은 참로 제 인생을 구속해 버린다 (彼不求日減而求日增者 眞桎梏此生哉). (후 131)

차별해 분별하지 말라

사금과 모래를 차별하는 것은 사람의 욕심일 뿐이다. 얻기가 힘들면 귀하고, 얻기가 쉬우면 천하다고 고집하는 것이 사람의 좁은 소견이다. 모래 속에 사금이 들어 있다. 귀한 것은 천한 것이 없으면 있을 곳이 없다. 그러므로 천한 것은 크고 귀한 것은 작다.

권력이 아무리 강하다고 한들 연약해 보이는 백성을 떠나면 기댈 곳을 잃는다. 사마귀는 메뚜기를 밥이라고 얕보지 않는다. 강하면 군림하고 약하면 비굴해진다고 여기는 것은 사람밖에 없다.

아무리 서슬 퍼런 칼날이라도 물을 자를 수 없고, 산천을 태우는 불길도 강물을 끓일 수는 없다. 그러나 오로지 인간만이 강한 힘이 이기고 약한 힘은 진다고 고집을 부린다. 차별하고 분별해 귀천을 따지려고 덤비는 데서 인간의 착각은 태산처럼 커진다.

【 채근담이 말씀 】

마음에 헛된 생각이 없다면 무엇을 가려 살피겠는가(心無妄心 何有於觀). (후 102)

공로와 과실을 혼동하지 말라

자신에게 엄격하고 남에게 관대한 사람은 과실을 범하거나 허물을 짓지 않는다. 잘잘못을 스스로 살피면 덫에 걸린 미끼를 미리 알 수 있다. 게으른 족제비는 미끼를 먹이로 생각하고 물다가 덫에 걸리지만 부지런한 족제비는 먹이를 찾아 사방을 헤매므로 살아남는다.

해야 할 일을 열심히 했는지, 게으름을 피웠는지 분간하지 못하면 자신도 모르게 태만해진다. 태만하면 잔꾀를 부려 힘들이지 않고 일을 치르려고 한다. 태만이 유혹하는 잔꾀가 바로 미끼를 걸고 있는 덫이다.

일찍 일어난 참새가 모이를 많이 줍는다. 뒤늦게 일어나 모이가 없다고 투덜댄다고 모이가 하늘에서 떨어지는 것은 아니다. 그래서 감나무 밑에서 홍시를 기다리는 사람은 겨울에 떤다고 하지 않는가.

【 채근담의 말씀 】

잘잘못을 조금이라도 혼동하지 말라. 혼동하면 마음이 게을러진다(功過不容少混 混則人懷惰墮之心). (전 136)

영광은 한가롭지 못하다

이른바 인기 스타는 살고 싶은 대로 살 수가 없다. 인기가 떨어질까 봐 마음에 내키지 않는 일일지라도 억지로 해야 한다. 따지고 보면 인기 스타는 남의 눈치를 보며 사는 자에 불과하다.

선망의 대상이 아니라고 안타까워할 것은 없다. 정원에 핀 꽃은 주인의 눈에 나면 살 자리를 잃지만 들판에 핀 꽃은 살 자리를 걱정하지 않는다. 그러나 들에 핀 꽃이 아름다움을 뽐내면 길손의 손에 꺾여 못다 피우고 이우는 법이다. 영광을 탐하면 몸둘 바를 잊게 된다. 그러면 살아도 헛사는 것이다.

영광 따위를 바라지 않고 자신의 삶에 충실한 사람은 부정축재의 죄를 짓고 쇠고랑을 차는 어리석은 짓 따위는 범하지 않는다. 뇌물을 받아 영화를 누리는 것은 삶을 막 보는 셈이다. 어디서나 영화는 돌개바람과 같다. 돌개바람은 반나절을 불지 못하고 사라지면서 먼지만 남길 뿐이다.

【채근담의 말씀】

내 영화를 바라지 않거늘 어찌 뇌물 따위의 향기로운 미끼를 근심할 것인가(我不希榮 何憂乎利祿之香餌). (후 44)

인간의 세상은 변덕스럽다

 만물 중에서 인간만이 변덕을 부린다. 사과나무에는 항상 사과가 열린다. 배나 밤이나 귤이 열리는 법은 없다. 이처럼 변화하는 모습을 바꾸지 않는 것이 자연(自然)이다. 그러나 인간은 문명을 이루고 역사를 만들며 변화의 모습을 종잡지 못하게 바꾼다.

 살면서 하나만을 고집하는 것은 흘러가는 물위에 금을 긋는 짓에 불과하다. 사람의 마음이 변덕스러우므로 세태도 변덕스러움을 안다면 세상의 참모습을 대할 수 있다. 내 자신을 내가 모를 지경에 이를 만큼 사람은 종잡을 수가 없다. 그러므로 나는 진실 그 자체이며, 당당하다고 과시하면 세상이 비웃는 줄을 알아야 한다.

【 채근담의 말씀 】

옛날의 내가 바뀌어 이제는 또다른 내가 되어 옛날의 나를 알 수 없으니 오늘의 내가 내일이면 어느 누가 될까?(昔日所云我 而今却是伊不知 今日我又屬後來誰). (후 58)

마음가짐을 가벼이 않는다

 깊은 물은 조용히 흐른다. 그대의 마음이 깊은 물처럼 흐른다면 남들이 그대를 듬직하다 할 것이다. 이보다 더 값진 찬사는 없다.

 빈 수레는 요란하다. 그대의 마음이 빈 수레 같다면 남들이 그대를 경박하다 할 것이다. 이보다 더 부끄러운 흉은 없다.

 마음을 닦는 것은 거울의 때를 닦는 것과 같다. 마음에 때가 끼면 볼 것을 제대로 보지 못하며 들을 것을 제대로 듣지 못해 수선을 피우고 헛소리를 겁없이 지껄인다. 가벼운 마음은 변덕스러워 신용을 잃고 굳은 마음은 함부로 입을 열지 않는다. 그래서 마음을 쓸 때는 무겁게 하고 거두어들일 때는 가볍게 하라는 게다. 책임지는 데 인색하지 않고 용서할 때도 인색하지 않은 사람을 군자(君子)라고 한다.

【 채근담의 말씀 】

삼가해 굳은 마음을 가볍게 움직이지 말라(愼勿輕動剛腸). (전 144)

만족은 황제가 되게 한다

 욕심은 궁하게 하고 만족은 후하게 한다. 욕심이 사나워 탐욕스러우면 거지가 되고, 만족이 넉넉해 훈훈하면 천하의 거부가 된다. 세상에서 가장 행복한 부자는 누구일까? 만족할 줄 아는 사람이라고 노자(老子)가 단언했다. 물질의 탐욕은 소유욕의 하수인이다. 그 손에 놀아나면 누구든 하루도 편히 살 수가 없다. 금을 가지면 옥을 갖고 싶고, 옥을 갖게 되면 다이아몬드를 갖고 싶어하는 것이 탐욕이라는 하수인의 유혹이다.

 출세의 탐욕은 정복욕의 하수인이다. 그렇게 되면 높은 자리에 올라갈수록 더 높은 자리를 향해 갖은 술수를 마다하지 않으면서 자신을 더럽게 만든다. 불빛이 밝다고 치달아 가는 하루살이는 불꽃이 제 몸을 태운다는 것을 모른다. 어제는 호령했다가 오늘은 죄인이 되는 수모를 엮어 내는 것이 권력의 탐욕이다.

 인간은 별별 탐욕을 부리려고 한다. 그럴수록 키보다 더 깊은 물에 빠져 허우적이는 꼴을 당한다. 그러나 자신에게 만족할 줄 아는 사람은 제 인생을 남의 인생과 저울질해 비교하지 않으므로 탐욕을 물리친다.

【채근담의 말씀】

> 만족할 줄 아는 사람은 검은 시래깃국이라도 고깃국보다 맛있으며, 베옷일지라도 여우털 옷보다 따뜻하게 여기므로 왕공을 부러워하지 않는다(知足者黎羹旨於膏粱 布袍煖於狐貉 編民不讓王公). 여(黎) 갱(羹) 학(狢) (후 30)

고집은 마음을 묶어 맨다

 손발이 묶이면 불편하다. 그러나 마음이 묶이면 더없이 괴롭다. 고집이 심하면 옹고집이 되고, 옹고집은 심술을 부리며, 생트집을 일삼는다. 고집스런 심술이 마음을 묶는다. 마음이 묶이면 갑갑하고 애가 탄다. 그리고 마음이 캄캄해져 앞을 보지 못한다.

 제 고집은 물려 두고 남에게 고집을 버리라고 하는 사람은 칼을 든 파수꾼처럼 세상을 흘겨본다. 그러나 그러한 사람은 자신이 칼자루가 아니라 칼날을 쥐고 있는 줄을 모른다. 마음이 땟국 묻은 거울 같아 자신의 속을 스스로 들여다볼 수 없는 까닭이다.

 산천에 바람이 불면 온갖 초목이 갖가지 소리를 낸다. 바람이 불고 스쳐 가면 소리는 없어진다. 산천은 바람 소리를 잡아 두지 않는 까닭이다. 맑은 거울은 그림자를 잡아 두지 않는다. 앞에 서면 비추어 주고 지나가면 지워 버린다. 마음이 그렇게 되면 자유롭다. 마음이 자유를 누리려면 놓아 줄 줄 알고 버릴 줄 알아야 하는 게다. 그러면 어느새 홀가분해진다.

【채근담의 말씀】

마음가짐이 못에 비친 달빛처럼 텅 비어 걸림이 없다면 마음은 너나를 가리지 않고 다 잊어버린다(心境如月池浸色 空而不著 則物我兩忘). (후 120)

일을 상의할 때는 벗이 되라

벗은 서로 이해(理解)하려고 하지만 동료는 서로 이해(利害)를 저울질한다. 그래서 벗은 허물을 용서하지만 동료는 허물을 이용하려고 한다. 패를 지어 어울려야 동료애가 생긴다지만 벗은 서로 떨어져 있을수록 우애가 두터워지는 법이다. 동료는 떨어지면 멀어지고, 벗은 멀어질수록 애틋해진다.

마음속을 열어 놓고 숨김없이 보여 줄 사람이 있다면 그 사람이 곧 벗이다. 그러나 동료에게는 마음속을 열어 주면 득실(得失)을 따져 살피려고 한다. 손익(損益)을 따져 맺어진 동료는 항상 득실의 선을 긋게 마련이다. 그러므로 어려운 일이 있을 때 찾아갈 수 있는 벗을 둔 사람은 누구보다 행복하다. 남에게 동료가 되려는 사람보다 벗이 되어 주려는 사람이 큰사람이다. 고향이 같고, 어려서 같은 마을에 살았거나 같은 학교를 다녀야 벗이 되는 것은 아니다. 달리는 기차 안에서 처음 만났더라도 서로의 마음을 트고 어려운 일을 솔직하게 주고받는 순간을 누린다면 그 순간 서로 벗이 된다. 누구에게나 벗이 되어 주겠다고 다짐하는 사람은 이로움과 해로움의 정을 떠날 줄도 알고 잊을 줄도 안다.

【채근담의 말씀】

일을 상의받는 이는 자기를 그 일 밖에 두어 마땅히 이해의 정을 살피고, 일을 맡은 이는 자기를 일 안으로 던져 마땅히 이해의 걱정을 잊어라(議事者身在事外 宜悉利害之情 任事者身居事中 當忘利害之慮). (전 176)

내가 바로 선악(善惡)의 집이다

밖에서 배운 지식이 많다고 사람이 되는 것은 아니다. 배운 지식을 활용할 때 사람 됨됨이가 드러난다. 배운 지식을 어떻게 활용하느냐는 전적으로 자기 자신에게 달려 있다. 그러므로 자기 마음을 들여다보는 시간을 자주 가질수록 좋다. 바로 그때 자기를 앞세우면 삿된 길이 열리기 쉽고, 모두를 위해서 자기를 버리면 참다운 길로 통하는 지혜를 만난다. 큰사람은 여기서 이루어진다.

유식한 사람일수록 자기를 앞세우려고 한다. 자기가 아니면 안 된다고 여기는 것보다 더 좁은 소견머리는 없다. 이를 터득해 알자면 먼저 자기를 버릴 줄 알아야 한다. 그러므로 나는 선악을 동시에 간직한 인간이라는 생각으로 항상 깨어 있어야 한다. 된사람은 이렇게 깨어 있는 자이고, 난사람은 덜 깨어 있는 자다.

고요한 순간을 맞아 독백해 보라. 그러면 나를 앞세우고 싶은 생각과 나를 버려야 한다는 생각이 겹칠 것이다. 언제나 자기중심은 악으로 통하기 쉽고, 자기를 버리는 것은 선으로 통하게 된다는 사실을 터득한다. 이러한 터득보다 더 강한 힘은 세상에 없다.

선악의 싸움에서 악을 물리칠 수 있는가? 악을 물리치면 참이 드러나고, 악에 지면 거짓이 드러난다. 악은 나를 부끄럽게 하지만 선은 나를 당당하게 한다. 당당한 사람이 되고 싶다면 무엇보다 허망해지려는 나를 버려야 한다.

【 채근담의 말씀 】
참됨이 나타나도 거짓됨을 피하기는 어렵겠지만, 이러한 가운데서 큰 부끄러움을 얻을 수도 있다(旣覺眞現而妄難逃 又於此中得大慚忸). 참(慚) 뉵(忸) (전 9)

성내면 사랑이 줄어든다

 나를 다스리고 집안을 다스린 다음 세상에 나아가 맡은 바 일을 성실하게 마주한다. 이것이 세상을 살아가는 진실이다. 똥 묻은 개가 재 묻은 개를 나무라면 아무 일도 되지 않는다. 진실은 남에게서 시작되는 것이 아니라 나 자신에게서 시작되어야 한다.

 집 밖에 나가서는 남의 허물에 대해 관대할지라도 집안의 허물에 대해서는 관대하면 안 된다. 집안의 잘못을 눈감아 주면 가족들이 집 밖에 나가 세상의 손가락질을 당한다.

 그러나 집 안의 허물을 두고 성을 내서는 안 된다. 허물을 뉘우치고 부끄러움을 느끼도록 가정 분위기를 잡아가야 한다. 허물을 질책하는 것은 아픈 상처를 덧나게 하는 것이다. 두 번 다시 허물을 범하지 않게 하면 된다. 이것이 가족의 사랑 아닌가!

 질책이나 힐난은 사랑을 태워 재로 만들어 버린다. 허물을 용서하는 사랑은 허물이 짓는 아픔을 없애 주는 손길이다. 이러한 손길은 세심하고 따뜻해 사소한 허물일지라도 놓치지 않고 찾아 올바르게 하며 말하지 않아도 알아듣게 하는 귀를 마음속에 틔어 준다. 이러한 손길이 가슴속에 쌓아 두었던 벽을 허문다.

【 채근담의 말씀 】

오늘 깨닫지 못하거든 내일을 기다려 다시 깨우치게 하라(今日不悟 俟來日再警之). (전 96)

뜨거워진 마음을 차갑게 하라

 참다운 사랑은 마음을 뜨겁게 하지 않는다. 마음을 끓게 하는 사랑은 눈뜬 장님처럼 밝고 맑음을 볼 수가 없다. 사람을 밝고 맑게 해 주지 못하고 어둡고 막막하게 하는 사랑은 질투로 탈바꿈하거나 시기를 키워 증오로 돌변하는 열병에 불과하다.

 남녀의 애정만이 사랑은 아니다. 사랑이란 본래 서로의 목숨을 소중히 하고 보살펴 주는 어머니의 품안 같은 것이다. 연인을 사랑한다고 사랑하는 것이 아니다. 먼저 사랑할 줄 아는 마음이 앞서야 한다. 냉철하면서도 따뜻한 사랑을 자애(慈愛)라고 한다. 참다운 사랑은 어머니의 손에 들린 회초리와 같다.

 번뇌와 고뇌를 낳는 사랑이라면 버려라. 무거운 짐을 내려 주고 아픔을 주는 마음의 상처를 쓸어 없애는 마음의 빗자루는 뜨겁게 끓는 정열에 있는 것이 아니라 사랑함을 소중히 하는 냉철한 마음과 사랑함을 편안하게 하는 고요한 마음에 있음을 안다면 괴로움이나 절망은 햇살 아래 안개일 뿐이다.

【 채근담의 말씀 】

매몰찬 변덕은 부유한 사람이 가난한 사람보다 더 심하고, 질투와 시기 따위는 피붙이가 남에게보다 더 질기다(炎凉之態富貴 更甚於貧賤 妬忌之心骨肉尤狠於外人). 한(狠)
(전 135)

인색하면 검소할 줄 모른다

마음이 인색한 것이 아니라 물욕이 마음을 인색하게 한다. 인색한 마음은 욕심스러운 속셈에서 비롯된다. 사람의 일에는 이해득실(利害得失)이 있게 마련이다. 욕심은 '이익은 얻는 것이고 손해는 잃는 것'이라는 단정에서 굳어진다. 나만 이익을 보고 나만 얻겠다는 심술을 부리면 욕심은 갖은 재주를 부려 사람을 인색하게 한다.

욕심꾸러기는 무엇이든 아낀다고 자랑하며 인색하면 검소하다고 억지를 부린다. 베풀지 않고 챙겨 두는 욕심이 인색함의 속셈인 것을 감추어 두고 헛소리를 친다. 그러나 물욕이 사나운 깍쟁이가 검소한 것은 아니다. 검소함이란 물욕을 다스려 담백한 마음에서 비롯되기 때문이다. 검소한 사람은 은가락지보다 금가락지가 귀한 줄 모른다. 검소하면 다만 끼고 있는 은가락지가 만족스럽다. 검소하고 소박하다면서 탐하는 사람은 거짓말쟁이에 불과할 뿐이다. 제 호사를 위해 남에게 인색한 사람은 천하의 좁쌀이다.

【채근담의 말씀】

검소함이란 물욕에 담담하거늘 세상 사람들은 검소함을 빙자해 인색함을 꾸미려고 한다(儉者淡於貨利 而世人假儉以飾其吝). (전 166)

조급하면 일을 망친다

맡은 일이 잘되기를 바라면 그만큼 일이 잘못될까 봐 근심걱정을 하게 된다. 성공에 대한 기다림이 크면 실패에 대한 두려움도 커진다. 일하는 과정이 중할 뿐 결과를 상관하지 않으면 결과의 부담에서 벗어날 수 있다.

봉숭아는 반드시 봉숭아꽃을 피우고, 진달래는 반드시 진달래꽃을 피운다. 봉숭아나 진달래의 뿌리와 잎새는 장미꽃을 바라고 일하지 않는다. 이처럼 사람의 일을 정직하고 차분차분하여 성실하게 하면 그만큼의 보람을 맺게 마련이다. 한 되의 땀을 흘리고 한 말의 열매를 바라면 그것은 허욕이다.

허욕이나 허세가 삶의 고삐를 잡으면 숨쉴 틈 없이 질주하려고 덤빈다. 그러면 마음은 성급해지고 생각을 서둘러 재촉하게 되어 행동이 거칠어지고 다급해진다. 찬물도 쉬엄쉬엄 마시고 아는 길도 물어 갈 줄 알아야 억울하고 원통하다는 말을 하지 않게 된다.

【 채근담의 말씀 】

웅크림이 오랜 새는 반드시 높이 날고 먼저 다투어 피는 꽃은 지는 것도 그만큼 빠르다(伏久者飛必高 開先者謝獨早). (후 76)

왜 나를 버리라 하는가?

 실패했다고 세상을 탓하지 마라. 패망했다고 천지를 원망하지 마라. 성패도 한 뿌리에서 나오고 선악도 한 뿌리에서 나온다. 나를 위해 모든 것들이 기다리고 있는 것은 아니다. 내 뜻대로 안 된다고 울부짖는 것은 코흘리개가 떼를 쓰는 꼴이다.
 나를 성패의 걸개처럼 생각할수록 나는 옹색해지고 딱해진다. 내 어깨에 훈장이 걸릴 것인가, 내 발목에 족쇄가 채워질 것인가? 이렇게 단정하는 사람은 인생을 씨름판에 나온 씨름꾼처럼 여긴다. 내가 넘어지지 않기 위하여 상대를 쓰러뜨려야 한다고 여기면 나는 결국 패자가 되고 만다. 영원한 승자는 없는 까닭이다.
 인생은 다툼도, 겨룸도 아니다. 나를 조금만 버릴 줄 알아도 그 참뜻을 알 수 있다. 왜냐하면 세상은 내 것이 아니기 때문이다. 나를 위해 세상이 있어야 한다고 고집을 부리면 그만큼 나는 쓴맛을 보아야 한다. 그러나 앉을 수 있다면 앉고, 설 수 있다면 서 있는 마음으로 세상을 바라보면 나는 자유롭고 행복하다. 고민하고 번뇌하는 자는 끓는 물에 손을 담그어 놓고 화상을 입는다고 비명을 지르는 것과 같다.

【 채근담의 말씀 】

나 있음을 알지 못하면 어찌 물질이 귀함을 알 것이며, 이 몸이 나 아닌 것을 안다면 번뇌 따위가 어디에 파고들 것인가(不復知有我 何知物爲貴 知身不是我 煩惱更何侵). (후 56)

대장부는 옛사람이 아니다

 창피해 못살겠다고 푸념하는 사람은 졸장부에 불과하다. 헌 옷을 깨끗하게 빨아 입는 사람이 값비싼 새옷을 입고 자랑스러워하는 사람을 부러워하는 것은 겉만 보고 속은 볼 줄 모르는 까닭이다.

 겉을 치장하는 것은 도마뱀의 꼬리에 불과하다. 호랑이 등에 업혔을 때는 입은 옷이 목숨을 구해 주는 것이 아니라 정신이 구해 주는 것이다. 정신이 왕성하다면 수치라든지 염치 따위는 군더더기에 불과하다. 나물 먹고 물 마시고 팔을 베고 누웠으니 대장부 살림살이 이만하면 족하다는 타령을 흘러간 노래로 생각할 것은 없다. 대장부의 마음가짐으로 세상을 바라보면 과거든 현대든 마찬가지로 홀가분해진다. 세상을 두려워 말고 연약해진 제 정신을 두려워하면 바람이 불어도 마음속의 촛불은 꺼지지 않는다.

【 채근담의 말씀 】

정신이 왕성하다면 단칸방에서 베 이불을 덮고 자도 만물을 낳아 어울리게 하는 천지의 힘을 얻는다(神酣布被窩中 得天地沖和之氣). 감(酣) (전 87)

사나운 말도 길들여 부린다

 태풍이 불어 풍랑이 일면 배를 띄우지 않는다. 태풍이 끝나기를 기다리는 것이 거친 바다를 길들이는 방법이다. 수레를 뒤집어엎는 사나운 말을 길들여 순하게 만들거나 바위 속에 흩어져 있는 금싸라기를 모아 금붙이로 만들자면 오랜 시간 공을 들여야 한다.

 나는 거친 바다처럼 될 수도 있고 사나운 야생마처럼 될 수도 있고 버려져 쓸모 없는 금싸라기처럼 될 수도 있다. 인생은 사납거나 쓸모 없는 것을 환영하지 않는다. 그래서 세상을 세파(世波)라고 하지 않는가! 세파를 잠재우려면 내가 먼저 태풍처럼 되지 말아야 한다. 세파의 홀대를 받지 않으려면 내가 먼저 사나운 야생마처럼 굴지 말아야 한다. 버력 속에 든 쓸모 없는 금싸라기처럼 되지 않으려면 내가 먼저 금붙이가 되어야 한다. 그러자면 내가 나를 길들이기 위하여 한없이 부지런해야 한다.

 명(明) 나라의 백사(白沙)란 사람은 삶의 병을 끊임없이 앓아야 한다고 했다. 백사가 밝힌 병이란, 육신의 병이 아니라 인간의 됨됨이를 다루어 내기 위하여 무던히 자신에 대한 마음 고생을 스스로 하란 뜻이다.

【채근담의 말씀】

사람 됨됨이에 병이 많다는 것이 부끄러울 것은 없지만 일생토록 무병이란 것이 나의 근심이다(爲人多病未足羞 一生無病是吾憂). (전 77)

가난을 무서워 마라

가난을 즐길 것은 없지만 그렇다고 무서워할 것도 없다. 가난을 무서워하면 저절로 도둑의 대열에 서게 된다. 남의 것을 훔치려고 하는 도둑질은 남의 창자 속에 붙어 사는 기생충과 같다. 가난을 무서워하면 기생충이 된다.

가난을 무서워하지 않으면 저절로 맑고 깨끗해질 수 있다. 맑고 깨끗하다면 더러운 부자보다 당당하고 떳떳하다. 마음이 당당하고 떳떳한 것보다 더 아름다운 부귀는 없다. 왜냐하면 맑은 일을 제대로 할 수 있으므로 저절로 부유해지기 때문이다.

들판에서 일하는 농부의 손은 거칠지만 곱게 다듬은 사기꾼의 손보다 더 아름답다. 농부는 할 일을 하며 살지만 사기꾼은 남을 등치려고 마음속이 도둑의 소굴이 되어 있기 때문이다. 거짓부렁으로 인생을 사는 것보다 더 어둡고 캄캄한 처사는 없다. 삶을 흥정해서는 안 된다. 삶이란 사고 파는 상품이 아니다. 스스로 열심히 꾸려 가야 하는 일터일 뿐이다. 인생의 장사치가 되면 될수록 불행은 산처럼 쌓인다.

【 채근담의 말씀 】

만약 한번 몸을 시정의 거간꾼에게 팔았다면 비록 산중에 틀어박혀 죽을지라도 어찌 마음과 몸이 맑겠는가(若一失身市井駔儈 不若轉 土溝壑 神骨猶淸). 장(駔) 쾌(儈) (후 125)

나를 잃어버리지 않는다

바깥 것들에 홀려 나를 잊어버리면 자신을 도둑맞고 만다. 아편쟁이는 아편에 자신을 도둑 당하고 노름꾼은 화투 쪽에 자신을 도둑질 당한다. 못된 일은 이처럼 나를 잃어버리게 하지만 좋은 일은 나를 더더욱 찾게 한다.

좋은 일은 마음을 눈뜨게 하지만 나쁜 짓은 마음을 잠들게 한다. 그래서 나쁜 버릇에 물들면 정신 나간 사람이 되고 만다. 놀아나는 사람들은 제 정신을 팔아 버린 바보들이다.

좋은 약은 입에 쓰듯이 좋은 일은 하기가 힘들게 마련이다. 마음을 써야 하는 까닭이다. 공부하는 일은 지루하고 전자 오락실에서의 놀이는 시간 가는 줄을 모른다. 왜 그러한가? 공부는 마음을 쓰게 하지만 오락은 마음을 쓰지 않아도 되기 때문이다.

나를 잃지 않으려면 항상 마음을 깨워 두어야 한다. 마음을 훔쳐가려는 도둑을 만날수록 마음은 깨어 있어야 한다. 마음이 생각하는 버릇을 지닌다면 나를 도둑맞게 하는 것들을 물리칠 수가 있다. 그러므로 마음을 주인으로 모시는 사람은 바깥 것들의 유혹에 걸려들지 않는다.

【채근담의 말씀】

눈에 보이고 들리는 것은 바깥 도적이며 마음속에 깃든 정욕은 안의 도적이다(耳目見聞爲外賊 情欲意識爲內賊). (전 79)

알맞은 것이 진실이다

 허세와 허영, 그리고 허욕 따위를 왜 거짓이라고 하는가? 그것들은 모두 알맞지 않는 까닭이다. 무엇을 좀 안다고 뽐내는 사람은 조금 알고 있을 뿐 충분히 알지 못한다는 증거다.

 잘 모르면 어렵게 말하고, 잘 알면 쉽게 말한다. 쉬운 것을 어렵게 둘러치는 것은 서툰 까닭이다. 원숭이는 사다리를 필요로 하지 않는다. 나무 타는 기술이 능숙한 까닭이다. 산새는 앉을 나뭇가지를 고르지 않는다. 어느 가지에나 앉을 줄 알기 때문이다.

 서툴면 억지를 부리고, 쉬운 길을 두고 가파른 길로 어렵게 간다. 그러나 어렵던 것도 잘 터득하고 나면 쉬워진다. 인생에 어려움과 쉬움이 따로 있는 것은 아니다. 그러므로 이상한 짓을 해서 남의 눈을 홀리려고 꾀를 부릴 것도 없고 자랑할 것도 없다. 알맞은 것은 언제나 그냥 본연(本然)이다. 꾸미지 않고 숨기지 않으면 본연이다. 본연보다 알맞은 것은 없다.

【 채근담의 말씀 】

글공부를 해 궁극에 달하면 기이할 것이 없다. 다만 알맞을 뿐이다(文章做到極處 無有他奇 只是恰好). (전 102)

자연은 무한한 자유다

 인간이 만든 법이 보증하는 자유는 그 옆에 구속을 달고 있다. 법에는 항상 당근과 채찍이 함께하고 있다. 잘하면 상을 주고 못하면 벌을 준다는 것이 법이 보장하는 자유다.

 법의 자유는 지켜야 하는 것이다. 그러나 자연의 자유는 누리는 자유다. 자연의 자유에는 까닭[由]이 없다. 그래서 자연의 자유를 자유(自遊)라고 한다. 스스로 노니는 것이 자유다.

 법의 자유에는 까닭이 있다. 그 까닭을 의무(義務)라고 한다. 50분 일했으면 10분 쉬는 것이 법의 자유다. 쉬는 순간을 자유이게 하는 사람은 참으로 현명하다.

 쉬는 시간에 자연을 만나면 무한한 자유를 누릴 수가 있다. 커피를 마시며 잡담을 나누는 것보다 창문을 열고 하늘을 우러러보라. 그러면 둥둥 떠 가는 구름이 보일 것이다. 걸림 없이 흘러가는 구름을 보고 멈추어 있는 자신을 애달파할 것은 없다. 세월의 흐름에 자신도 저 구름처럼 걸림 없이 떠가고 있다고 상상해 보라. 그러면 자연이 누리게 하는 무한한 자유가 내 몸의 무게를 가볍게 할 것이다.

 자연이 누리게 하는 무한한 자유는 마음의 둥지를 마련해 준다. 고달플 때는 쉬게 해 주고 괴로울 때는 잊었던 기쁨을 찾아 준다. 누구에게나 자연은 추억의 고향이 아닌가! 도시에는 자연이 없고 산천에만 있다고 하지 말라. 갈라진 아스팔트 틈새에 피어 있는 민들레꽃을 본 적이 있는가! 어느 주변이든 자연은 있다. 자연을 만날 줄만 안다면 감옥 속에서도 무한한 자유(自遊)를 누릴 수 있다.

【 채근담의 말씀 】

한 점 구름이 산봉우리에서 피어나는구나! 가고 머묾이 하나도 걸림이 없구나!(孤雲出岫 去留一無所係). (후 33)

순결한 마음이 모든 방패다

마음이 궂은 사람은 그 삶도 너저분하다. 마음이 거친 사람의 삶 또한 거칠다. 더러운 마음과 거친 마음은 벗을 얻지 못한다. 벗이란 맑고 깨끗한 마음을 서로 주고받아야 가능하다.

자주 만나 함께 밥을 먹고 술을 마신다고 벗은 아니다. 벗은 서로 돕고 서로 격려하며 서로 불행을 나누어 갖는다. 행복하면 벗은 멀리서 반기고, 불행하면 데려와 나눈다고 하는 게다. 이러한 우정을 협기(俠氣)라고도 한다. 사랑하므로 희생하는 것보다 더한 우정은 없다. 우정은 맑은 마음에서 나온다. 어디 우정뿐인가! 맑은 마음에서 큰사람이 나온다.

【 채근담의 말씀 】

벗을 사귐에는 모름지기 세 가지 협기가 있어야 한다(交友須帶三分俠氣). (전 15)

마음과 입은 무거울수록 좋다

짖는 개보다 묵묵히 있는 개를 조심하라. 짖는 개는 물지 못한다. 묵묵히 있는 개가 물 수 있는 때를 노리게 마련이다. 마음이 음침한 사람은 짖지 않는 개처럼 상대의 약점을 노리기 좋아한다.

의뭉한 사람은 제 속을 짚을 수 없게 하면서 상대가 성급해져 마음을 털기를 기다려 음모를 꾸민다. 상대를 이용하려는 사람은 이기적이게 마련이다. 제 속만 차리면 그만일 뿐 상대의 처지야 아랑곳하지 않는다.

짖는 개는 물지 못하지만 주변을 소란스럽게 한다. 신경이 날카롭고 성을 잘 내는 사람은 제 성미대로 안 되면 물불을 가릴 줄 모른다. 이러한 사람이 무엇을 좋아한다고 할 때 함부로 찬성해 주면 뒤탈이 나고, 반대해 주면 살벌해진다.

마음속을 감출 것도 없고 숨길 것도 없지만 맑은 마음은 항상 깊어 함부로 그림자를 드리우지 않는 법이다. 깊은 바다는 그림자를 보여 주지 않는 것과 같다. 마음이 바다 같다면 입은 무거워지게 마련이다.

【 채근담의 말씀 】

의뭉해 말 없는 선비를 만나거든 마음속을 열고 말하지 말라. 발끈하여 성을 잘 내는 사람이 자진해 좋아한다고 할 때도 꼭 입을 막으라(遇沈沈不語之士 且莫輸心 見悻悻自好之人 應須防口). 우(遇) 행(悻) (전 122)

마음을 풀어놓지 말라

 마음이 게으른 사람일수록 남을 돕는 데 인색하지만 제 욕심을 챙기는 데는 사납다. 두꺼비가 파리를 낚아채 먹는 혓바닥은 재빠르기 이를 데 없다. 게으른 마음은 두꺼비의 혓바닥 같은 짓을 범하려고 빈둥거린다.

 고삐 풀린 망아지는 언덕의 풀을 뜯지 않고 채소밭에 들어가 닥치는 대로 밟고 먹어 치운다. 그러나 말뚝에 매인 소는 고삐 줄이 허락하는 한계 안에서 풀을 뜯어야 하므로 열심히 잡초를 뜯어 새김질을 한다. 이처럼 인간의 욕망도 풀어놓으면 안 된다.

 마음에 욕심이 일어남을 깨우칠 때면 놓치지 말고 그 욕심을 말뚝에 매 두려는 마음을 단단히 지니는 것이 재앙을 멀리할 수 있는 비결이다. 욕심을 되는대로 풀어 제쳐놓으면 그 해독이 남에게 돌아가기 전에 먼저 자신에게로 되돌아온다. 욕심을 멀리 할 줄 알면 인생이란 먼 길을 탈없이 갈 수가 있다. 현대의 삶이 고통스러운 것은 저마다 허욕에 몸을 던진 까닭이다.

【채근담이 말씀】

문득 일어난 생각이 욕심으로 향해 가는 것을 깨닫거든 곧 그 욕심을 거두어 순리의 길로 쫓아오게 하라(念頭起處 纔覺向欲路上去 便挽從理路上來). 재(纔) 만(挽) (전 86)

부모 마음은 자녀의 뿌리다

아이에게 고기를 먹이는 어머니보다 고기 잡는 방법을 가르쳐 주는 어머니가 현명하다. 먹이를 받아먹던 새끼는 날갯짓을 할 수 있으면 둥지를 떠나야 한다. 품안의 자식은 반드시 제 살 길을 찾아 떠나야 하는 것이 무릇 생물의 삶이다.

뿌리 없는 초목이 없는 것처럼 뿌리 없는 삶도 없다. 튼튼한 삶은 언제나 마음이라는 튼튼한 뿌리에서 뻗은 가지요, 잎이요, 꽃이며 열매다. 이러한 진리를 안다면 어느 부모가 자녀에게 튼튼한 마음을 물려주지 않을 것인가? 뿌리를 심어 주는 마음으로 항상 자녀를 만나야 한다. 그러면 자녀는 그 뿌리에서 우람한 가지를 뻗고 무성한 잎새를 피워 열매를 맺을 수 있다.

그러나 심어 준 뿌리가 스스로 클 수 있도록 북돋우어 주되 돈을 주고 산 비료는 뿌려 주지 말라. 그러면 심어 준 뿌리가 곯아 썩는다. 뿌리가 썩으면 몸체는 없어진다. 자녀에게 많은 재산을 물려준 것만으로 만족하려는가? 그렇다면 자녀의 뿌리에 비료만 주고 퇴비를 주지 않는 짓과 같다. 비료는 사 오는 것이고 퇴비는 스스로 마련한 거름이다.

【 채근담의 말씀 】

마음은 자손의 뿌리다. 뿌리를 심어 내리지 않고서는 가지와 잎이 무성할 리가 없다 (心者後裔之根 未有根不植而枝葉榮茂者). (전 159)

도의에는 변덕이 없다

달면 삼키고 쓰면 뱉는가? 이렇게 자문하는 사람일수록 듬직해지고 남의 손가락질을 받지 않는다.

자신에게 유리하면 좋다 하고 불리하면 성내는 사람은 세상을 제 호주머니 속에 있는 동전 쯤으로 여기는 철부지에 불과하다.

정승집 강아지가 죽으면 문상을 가도 정승이 죽으면 문상객이 없다는 속담이 생긴 것은 인정이 변덕스러운 세태를 대변한다.

이롭다 싶으면 고깃덩이에 파리 붙듯 하고 손해다 싶어지면 썰물처럼 빠져나가는 세태를 두고 안절부절못할 것 없다. 안절부절못하면 나 또한 그러한 세태의 부류가 되기를 바라는 것과 다를 바가 없다.

도시의 한가운데서도 숲 속에 숨어 산다는 마음으로 하루하루를 보낸다면 인정의 변덕에서 벗어날 수가 있다. 짐승과 벌레와 초목이 모두 어울고 더불어 사는 숲 속처럼 살려는 사람은 두려움이나 절망 따위로 자신을 애태우지 않는다. 서로 돕고 서로 이해하며 사는 길을 걷는 까닭이다. 그 길을 도의(道義)라고 한다.

【 채근담의 말씀 】

도의라는 길에는 인정의 변덕스러움이 없다(道義路上無炎憶). (후 27)

일은 이치를 앞서지 못한다

 빗으로 머리를 빗으면 머릿결이 고루 선다. 그러나 손가락으로는 아무리 머릿결을 문질러도 헝클어진 머릿결이 자리를 잡지 못한다. 손가락이 빗보다 성글기 때문이다. 맡은 바 일을 빗으로 머리 빗듯이 한다면 일의 가르마를 탈 수 있다. 일을 풀리게 하는 길이 곧 이치(理致)다.
 어려운 일일수록 이치에 맞아 들어야 풀린다. 이치가 몸이라면 일은 그 몸의 그림자와 같다. 형체가 없으면 그림자도 따라서 없어진다. 이치를 찾아 제대로 저울질하면 순리(順理)가 드러나게 된다. 그러면 순리는 무슨 일에든 목숨을 걸지 말라고 할 것이다.
 목숨을 걸고 일을 추진하는 것보다 더 악착스러운 짓은 없다. 일은 풀어 가야 하는 것이지 잘라야 하는 것은 아니다. 그렇게 하자면 성패의 집착에서 벗어나 일을 풀기 위한 실마리를 찾아야 한다. 그럴 때 마음은 텅 비어 있는 상태(空)일수록 좋다. 집착하지 않으면 공에 가깝고, 편견을 버려도 공에 가깝다. 욕망을 멀리하면 공(空)의 이웃에서 살 수 있다. 그러면 일을 해낼 길이 보이고 자신이 붙는다.

【채근담의 말씀】

마음이 텅 비면 대상도 텅 빈다(누구의 편도 들어주지 않는다). 대상을 버리고 마음을 두는 것은 비린내 나는 물건을 두고 모기를 쫓는 짓과 같다(心空則境空 去境存心者 如聚羶却蚋). 전(羶) 예(蚋) (후 95)

기쁨과 슬픔은 겹쳐 있다

 강태공은 낚시 없는 낚싯대를 호수에 걸어 놓고 고기를 낚은 것이 아니라 자기를 낚았다. 어떻게 자기를 낚으려고 했을까? 물속에 자유롭게 노니는 물고기가 될 수도 있고, 미끼에 혹해 걸려든 물고기도 될 수 있다는 생각을 하면서 자신을 바라보았을 것이다. 자유로운 나를 원한다면 미끼를 탐하지 말라. 이렇게 생각하면서 강태공은 자신을 추슬렀을는지 모른다.

 낚시에 걸려 올라오는 물고기를 보고 낚시꾼은 기뻐하지만 퍼덕거리는 물고기는 슬퍼할 것이다. 이처럼 한쪽이 기쁘면 다른 한쪽은 슬프게 된다. 승패가 갈리는 경기장처럼 인생을 바라볼 것은 없다. 승자는 환호성을 올리고 패자는 풀이 죽어 늘어진 두 갈래는 희비가 겹쳐 있음을 보여 준다. 그러나 인생은 그렇게 두 갈래로 쪼개지지 않는다.

 세상을 향해 기쁨만 넘치고 슬픔은 사라지라고 외치지 마라. 기쁨이 있으면 슬픔이 따라오며, 슬픔이 있으면 기쁨이 따라온다. 그래서 좋은 일 뒤에는 궂은 일이 오고, 달콤한 일 뒤에는 쓰디쓴 일이 따라온다. 삶에도 오르막과 내리막은 항상 붙어 있다.

【 채근담의 말씀 】

아이를 낳을 때는 산모가 위태롭고, 금고에 돈이 쌓이면 도둑이 엿본다. 어느 기쁨이 근심 아닌 것이 있겠는가(子生而母危 鐩積而盜窺 可喜非憂也). 강(鐩) (후 119)

고요한 마음이 곧 행복이다

자연은 언제나 행복하다는 말이 있다. 행복과 불행이 있는 것은 어쩌면 사람밖에 없을는지 모른다. 붉은 꽃송이 위를 나는 흰나비를 본 적이 있는가? 자연은 그렇게 서로 화목하다. 화목함을 누린다면 행복하다.

불행은 마음에 불을 붙이려고 한다. 마음을 태우는 불을 꺼 버리면 즉시 행복할 수가 있다. 행복은 은행의 금고 속에 있는 것도 아니요, 청와대 같은 권좌에 있는 것도 아니다. 행복과 불행은 마음먹기에 달렸고, 마음가짐에서 비롯된다.

만족할 줄 아는가? 이를 안다면 행복하고, 모른다면 불행하다. 만족할 줄 아는 마음을 고요함[靜]이라고 한다. 그 고요한 마음을 텅 비고 맑다[空淸]. 욕심이 적으면 그만큼 마음은 텅 비고 맑아져 행복의 주인이 된다. 그러나 요새 사람들은 이런 말을 듣지 않고 한사코 엇나가려고만 한다. 그래서 행복은 멀어지고 불행이 잦아진다.

【채근담의 말씀】

눈과 달의 텅 비고 맑은 것[幸福]은 오로지 고요한 마음을 지닌 자가 누린다(雪月之空淸 唯靜者爲之主). (후 100)

무엇이 자랑스러운 것인가?

 겨울에 웅크렸던 산새들은 봄이 되면 고운 목청으로 노래를 부른다. 앙상하던 나뭇가지는 새 잎을 내고 빛 고운 꽃으로 봄을 맞이한다. 따뜻한 봄을 맞으면 자연 속의 초목은 서로 생명의 환희를 나눈다. 시절이 좋을수록 서로 나누어 갖는 것이 자연이다.

 좋은 시절을 만났을 때 사람을 알아볼 수 있다. 출세했다고 거드름을 피우는 사람이 있다면 설익은 풋과일만도 못한 인간이다. 권력을 쥐었다고 함부로 권세를 부리면 제 명에 죽지 못하는 험한 꼴을 당한다. 빛날수록 눈부시게 하지 않는 것이 참으로 자랑스러운 것이다. 미인일수록 콧대가 낮아야 남들의 참다운 부러움을 살 수가 있다. 진실로 남에게 부러움을 사는 것이야말로 자랑스러운 것이다. 시절이 좋을 때 겸손하며 어려운 이웃을 보살피는 손길을 펼 수 있다면 그보다 더 자랑스러움은 없다.

【채근담의 말씀】

선비가 운이 좋아 출세를 해 등 따습고 뱃속 부르다고 좋은 말과 행동하기를 멀리한다면 백 년을 누린다 한들 하루를 사는 것만 못하다(士君子幸列頭角 復遇溫飽 不思立好言行好事 雖是在是百年 恰似未生一日). (전 60)

남을 흉볼수록 천해진다

제 자랑을 일삼는 사람은 사촌이 논을 사면 배 아파하는 자이기 쉽다. 시샘을 일삼는 자는 남이 잘못되면 고소해하는 너절한 열등생이다. 제 자랑을 늘어놓지 않으면 남의 흉을 보거나 남의 성공담에 흠집을 내려고 하는 자의 혀는 독을 묻힌 화살과 같다. 그런 화살촉을 지니고 있는 자를 만나 내가 그에게 맞장구를 쳐주면 내가 활을 빌려주는 셈이다.

못된 일을 두고 미워하지 말라. 그러면 고자질하기를 좋아하는 입이 못된 일을 저질렀던 자를 찾아가 두 배의 미움으로 앙갚음하게 꼬드길 것이다. 고자질은 싸움을 붙이고 말리기를 싫어하는 자의 혀에서 나온다.

좋은 일을 보아도 성급히 박수를 보내지 말라. 선행을 빙자해 출세의 빌미를 잡아 보려고 술수를 부리고 있는지도 모른다. 위선은 독나비의 날개에 묻어 있는 독처럼 시간이 지날수록 아프고 쑤신다. 그러나 사람을 의심하지 말라. 오직 시간을 두고 보면서 자기를 바르게 하면 된다.

【채근담의 말씀】

선한 것을 들었다고 성급히 친하지 말라. 음험한 자의 출세를 이끌어 줄지 몰라 두렵다(聞善不可急親 恐引奸人進身). (전 208)

즐거움은 고독하다

 취미가 같아 친하게 되었다면 언젠가는 소홀해진다. 취미는 취향이므로 언젠가는 바뀌기 때문이다. 친하게 지내는 것을 취향에 맡기면 삶을 금가락지처럼 착각할 수가 있다. 금가락지 주인의 형편이 딱하게 되면 그 가락지는 전당포의 금고에 갇히고 만다.

 등산이 취미라고 자랑하는 사람은 산 밑에 가서 술자리를 일삼고, 독서가 취미라고 기재하는 사람은 일 년이 가도록 책 한 권 독파하지 않는 작자이기 쉽다. 실제로 산을 타는 사람은 산타기가 즐겁다고 자랑하지 않는다. 산을 올라가는 일은 힘들 뿐 즐거운 놀이가 아닌 까닭이다. 정말로 책을 읽는 사람은 독서의 즐거움을 자랑하지 않는다. 알 수 없는 세계가 아주 많다는 것을 몸소 알고 있기 때문이다.

 즐거움은 자랑할 것이 못된다. 즐거움이란 서로 나눌 수 있는 물건 따위가 아니다. 즐거움은 안으로만 향해 비추어 주는 빛과 같은 것이다. 그 빛은 밝게 비춰 줄 뿐 그 밝음을 드러나게 하지 않는다. 즐거움은 빛처럼 저절로 빛날 뿐이다.

 즐거움은 고독하다. 빈 방에 햇살이 그득하지 않느냐고 장자(莊子)가 물은 적이 있다. 내 마음을 캄캄하게 닫아 두었다면 즐거움을 누릴 수가 없다. 잡념들이 빛을 차단한 까닭이다. 즐거움이란 마음속을 비추어 주는 빛살이지 밖으로 빛내지 않아 고독하다.

【 채근담의 말씀 】

산중에 숨어 사는 것을 즐겁다고 말하는 것은 아직 산중의 참맛을 깨닫지 못했다는 징후다(談山林之樂者 未必眞得山林之趣). (후 1)

번거롭다면 물러나라

 부지런한 일개미는 개미귀신의 홀림에 빠지지 않는다. 찾은 먹이를 물고 곧장 제 집을 향해 왔던 길로만 되돌아간다면 탈이 나지 않는다. 이리저리 설치다가 개미귀신의 함정에 빠져 버린 개미는 개미귀신의 밥이 된다. 번거로운 것은 개미귀신의 함정과 같다. 번거로움 속에서 발버둥칠수록 번거로움에서 빠져나오는 것이 아니라 점점 더 함정 속으로 말려들어갈 뿐이다.

 정신없이 산다고 하는 것은 번거로움의 노예가 되었다는 증거다. 일이 태산처럼 쌓여 있을지라도 먼저 할 것과 뒤에 할 것을 따져 가르마를 타면 정신을 팔지 않고 일할 수 있다. 정신 차리고 살려면 정신없이 사는 버릇에서 빠져나올 것이 아니라 아예 뚝 잘라 버려라.

 목마름 뒤에 마신 냉수가 천하일미이듯 번거로움을 버리고 한가로움을 맛보면 달콤하지 않은 인생이 없다. 주변의 모든 것이 반갑고 애틋해지면서 메말랐던 가슴에 단비가 내리는 감미로운 순간과 마주하리라. 이러한 재미를 맛보면 인생의 물결은 잠잠해지고 한숨은 순풍이 되어 삶의 항로가 미로에서 벗어난다.

【채근담의 말씀】

번거로움에서 한가로움에 들어간 뒤에는 한가로움 가운데 맛보는 재미가 유장하다는 것을 깨우치리라(從冗入閑然後 覺閑中之滋味最長). (후 16)

어떻게 하면 잘사는 것인가?

잘산다는 것은 부자의 본보기가 아니다. 가난해도 잘사는 본보기가 얼마든지 있다. 따뜻한 마음씨로 삶을 맞이하면 잘사는 것이고, 검소한 마음으로 삶을 꾸리는 것도 잘사는 것이고, 겸손한 마음으로 삶을 마주하는 것도 잘사는 것이다.

부자의 오만은 빈자의 겸손만 못하고, 부유층의 낭비는 빈민층의 절약보다 못하고, 권세의 증오는 백성의 사랑만 못한 법이다. 돈이 많으면 잘사는 것이고 돈이 적으면 못산다고 하지 말라. 게을러 가난하다면 불쌍한 짓이지만 정직해 가난하다면 그보다 더 떳떳한 삶은 없다.

떳떳하면 당당하다. 사는 일에 걸림 없이 당당하다면 잘사는 것이다. 백화점에 가서 비싼 새 양말을 사다 아이에게 준다고 잘사는 어머니가 아니다. 구멍 난 양말을 곱게 기워서 아이가 신도록 하는 어머니가 잘사는 어머니다. 구멍난 양말을 곱게 깁는 어머니의 가슴에는 사랑이란 보석이 있는 까닭이다. 그래서 누더기를 입고 살지언정 가슴에 사랑이란 보석을 지녔다면 그 자가 곧 성인이라고 노자(老子)가 밝혔다.

【 채근담의 말씀 】

성질이 조급한 사람은 타는 불과 같아 만나는 것마다 태워 버리고, 은혜를 베푸는 데 인색한 사람은 얼음같이 차 마주치는 것마다 얼려 죽인다(燥性者火熾 遇物則焚 寡恩者氷淸 逢物必殺). 조(燥) 치(熾) 분(焚) 과(寡) 봉(逢) (전 69)

왕성할 때일수록 조심한다

 천하를 정복한 사람은 자신을 정복당한다. 프랑스가 자랑하는 나폴레옹을 보라. 유럽 천하를 휩쓸고 정복했지만 결국 그는 외로운 섬에 갇혀 살다 외롭게 죽었다.

 젊어서 제 몸을 험하게 하면 늙어서 병을 얻는다. 젊어 한때 제 혈기만 믿고 망나니처럼 나대면 몸은 축나고 마음은 썩어 늙어서 갯가에 버려진 생선처럼 된다.

 돈이 생겼을 때 아끼는 사람이 절약할 줄 아는 자이고, 돈을 탕진하고 난 다음 아껴 쓰지 않은 것을 후회하는 자는 소 잃고 외양간 고치는 자에 불과하다.

 젊어서 놀기를 일삼는 자는 늙어서 아무리 일을 하려 해도 세상이 받아 주질 않는다. 일할 수 있을 때 열심히 일하고 쉴 수 있을 때 열심히 쉰다면 언제나 쓸모 있는 일을 하는 것과 다름이 없다. 일을 하기 위한 휴식은 언제나 편안하지만 할 일을 제쳐 두고 놀아나면 언제나 불안하다.

 겨울에 봄을 미리 생각하는 사람은 씨앗을 돌보고, 가을에 겨울을 미리 생각하는 사람은 불씨를 귀하게 여긴다는 게다. 그러나 겨울 추위를 겪고 난 다음 봄에 들어 겨울옷을 찾는 사람은 두 번 바보가 된다.

 뉘우칠 때는 이미 늦는다. 그래서 돌다리도 두드려 건너고, 아는 길도 물어서 가라는 것이다. 왜냐하면 삶의 순간은 오직 한 번밖에 오지 않기 때문이다. 인생은 시간을 벗어날 수 없다. 흐르는 물에서는 같은 물로 두 번 발을 씻을 수 없다. 물은 쉬지 않고 흐른다. 인생도 그렇다. 그래서 철들어야 인생을 제대로 산다는 게다.

한 그루 나무의 삶을 보라. 봄에 할 일은 반드시 봄에 하고 여름에 할 일은 반드시 여름에 한다. 비닐하우스에서 가을 국화를 이른봄에 피워 낸다고 하지만 인생에는 비닐하우스가 없다. 봄을 보낸 다음 뉘우치고 여름에 잎을 피우는 나무가 있다면 가을에 열매를 맺을 수가 없다.

【 채근담의 말씀 】

군자는 가장 왕성한 전성기에 있을 때 더욱 조심한다(持盈履滿 君子尤兢兢焉). (전 109)

신발이 맞아야 발이 편하다

 몸에 옷을 맞추어야 몸이 편하고, 몸이 편해야 마음도 편해진다. 맞지 않는 비단옷보다 잘 맞는 갈옷이 마음을 더 편하게 한다. 거추장스럽고 호들갑스러우면 모든 것이 번거롭고 귀찮을 뿐이다.

 여자가 귀했던 중국에서는 여자 아이가 태어나면 발이 자라지 못하도록 가죽으로 조막신을 신겨 놓았다. 턱없이 작은 발로는 몸이 뒤뚱거려서 도망을 칠 수 없기 때문이다. 반대로 죄수에게는 발보다 훨씬 큰 신발을 신겨 놓았다고 한다. 신발이 헐떡거려 달아날 수 없게 하기 위해서였다는 게다. 이는 모두 어긋난 짓들이다.

 사람이 처신할 때 언제 어디서나 어긋나면 탈이 난다. 어긋남은 이치에 닿지 않는 짓을 불러오기 때문이다. 사자에게 풀을 주고 사슴에게 고기를 먹이로 주는 것은 어긋난 짓이다.

 어른이 어긋난 짓을 범하면 그 밑에 있는 어린이는 덧나게 된다. 칭찬도 알맞게 할 것이요, 꾸중도 알맞게 할 것이다. 벌도 알맞아야 하고 상도 알맞아야 한다. 물그릇에 물을 담듯이 할 것이요, 제 발에 맞는 신발을 고르듯이 타이르고 칭찬해야 할 것이다

 칭찬할 때는 간명하게 하고 꾸짖을 때는 엄하되 알아듣게 해

야 한다. 간명한 칭찬은 오만을 막아 주고, 알맞은 질책은 더욱 분발하게 한다.

【 채근담의 말씀 】

남의 나쁜 점을 꾸짖을 때는 지나치게 엄중하게 하지 말라. 상대가 소화할 수 있는가를 생각해서 꾸중해야 한다(攻人之惡 毋太嚴 要思其堪受). (전 23)

욕심은 장님을 만든다

 생각은 밝을 수도 있고 캄캄할 수도 있다. 캄캄한 생각은 숨길 것이 많지만 밝은 생각은 숨길 것이 없다. 남이 알까 두려워하는 생각이 곧 제 욕심으로만 통하는 외길이다.

 굳고 곧은 사람이 되려면 먼저 자신에 대하여 강직해야 한다. 남에게 곧고 바르게 하라고 하기 전에 먼저 자신이 그렇게 해야 진정 강직한 사람이다.

 제 욕심만을 차리면서 남에게 강직하라고 요구하는 사람은 인자한 마음을 팔아 버리고 혹독하기 쉽고, 조촐한 성품을 멀리하고 거칠어진다. 마음이 혹독하면 오뉴월에도 얼음이 얼고, 마음이 거칠면 항상 가시밭을 만든다. 탐욕스러운 마음은 사납고 무섭다.

 그러나 탐욕의 가시는 항상 자신을 찔러 버리고 만다. 고슴도치의 등에 난 가시는 자기 보호를 위한 것이지만 마음에 돋아나는 탐욕이라는 가시는 자기를 망하게 한다.

【채구답의 말씀】

옛 사람은 탐욕을 범하지 않음을 보배로 삼았다(古人以不貪爲寶). (전 78)

왜 한결같이 살지 못하는가?

 사람은 변덕스럽다. 세상이 제 입 안의 사탕 같기를 바라면서 웃기도 하고 울기도 한다. 좋은 일이 있으면 철부지처럼 날뛰고, 궂은 일이 있으면 흐린 날처럼 얼굴을 찌푸린다. 그러나 밤이 가면 낮이 온다는 것을 헤아리는 심정으로 인생을 맞이한다면 한결같을 수 있다.

 도움을 주었다고 은혜라고 칭송할 것도 없고, 해를 끼쳤다고 원수를 짓자고 아우성을 칠 것도 없다. 남에게 도움을 바라기 전에 내가 먼저 돕겠다고 마음을 다스린다면 원수를 맺을 일은 없어진다.

 길을 모르는 자에게 가는 길을 가르쳐 주면 낯선 사람이 미소를 지으면서 고맙다고 한다. 그런 미소를 사랑하는 사람은 한결같이 인생의 길을 트는 비밀을 얼마쯤은 안다. 기분에 따라 삶을 향해 변덕을 부리면 그만큼 자신은 초라해지고 옹색해질 뿐이다.

【 채근담의 말씀 】

굶주리면 들러붙고 배부르면 떠나고 따뜻하면 몰려들고 추우면 버리는 인정은 서글픈 병이다(饑則附 飽則颺 燠則趨 寒則棄 人情通患也). 기(饑) 부(附) 양(颺) 욱(燠) 추(趨) 기(棄) (전 143)

마음이 넓으면 일마다 쉽다

 매의 눈은 높은 곳에 있어야 제 구실을 한다. 천 길 높이에서 가랑잎 위를 기는 생쥐를 본다는 매의 눈일지라도, 낮은 곳에 있으면 먹이를 찾는 데 뱁새의 눈만도 못하다. 마음이 높은 기상을 지니려면 넓어야 하고, 넓게 보자면 마음은 항상 매처럼 높이 있어야 한다.

 구름은 높이 뜰수록 태산준령에 걸리지 않고 유유히 흐르면서 세상을 내려다볼 수가 있다. 이처럼 마음의 씀씀이도 높아야 자질구레한 일에 사로잡혀 걸려들지 않는다. 마음씨가 허공에 떠도는 구름 같다면 잡다한 세상 일들로부터 거리를 두고 살 수 있다.

 삶을 참으로 사랑할 줄 아는 이는 마음을 넓게 하려고 한다. 넓은 마음은 그만큼 빈 곳이 많다. 마음속에 빈 곳이 많다는 것은 여유롭긴 하되 옹색하지 않음을 뜻한다. 용서하고 이해하며 사랑하는 것은 빈 마음이고 넓은 마음이다. 그러나 복수하고 오해하며 증오하는 마음은 꽉 찬 마음이고 좁은 마음이다. 마음이 넓으면 삶이 명랑하고, 명랑하면 매사가 가뿐하며, 마음이 좁으면 삶이 암울하고, 암울하면 삶을 무거운 짐처럼 짓누른다.

【채근담의 말씀】

마음이 넓으면 만 개의 쇠북 종도 한 쪽의 질그릇 같고, 마음이 좁으면 한 가닥의 머리칼도 무거운 수레바퀴 같다(心曠則萬鐘如瓦缶 心隘則一髮似車輪). (후 114)

첫 생각을 삼가 신중히 한다

고집은 생각을 붙들어 매고 억지는 생각을 짓누른다. 생각이 외곬으로만 통하면 눈이 있어도 보지 못하고, 귀가 있어도 듣지 못하게 된다.

인자한 마음은 하늘을 무서워한다. 하늘이 허락하지 않는 짓을 범하지 않으려는 두려움이 있는 까닭이다. 하늘과 땅이 해주기를 바라는 것을 덕(德)이라고 한다. 그래서 인자한 생각은 부덕(不德)을 가장 무서워한다.

하염없이 돕되 공치사를 하지 않음이 덕 아닌가! 하늘과 땅이 어울려 있으므로 만물이 존재하지만 그 공을 빙자해 천지가 무엇을 요구하지 않음을 감사하자. 이러한 옛 성현들의 타이름을 현대 문명에 걸맞지 않는다고 무시하면 안 된다. 목숨이 사는 근본은 태초나 지금이나 달라질 수 없는 까닭이다.

서로 시샘하고 앙갚음하려 들면 하늘을 더럽히고 땅을 배반하는 처사와 같다. 사막의 방울뱀이 분노하면 제 몸을 물어 제독에 죽는다고 한다. 방울뱀도 분노하면 이처럼 어리석어지고, 인간도 분노하면 방울뱀처럼 된다.

【채근담의 말씀】

> 한 생각으로 땅과 하늘이 하지 말라는 짓을 범하고, 한 마디 말로 천지의 어울림을 깨 버리며, 한 가지 일로 자손에게 재앙을 물려줄 수가 있다(有一念而犯鬼神之禁 一言而傷天地之和 一事而釀子孫之禍). (전 152)

좋은 두뇌는 맑고 밝다

 천재와 천치 사이는 눈금 하나 차이란 말이 있다. 잔꾀를 내지 않는 까닭이다. 그러나 천재는 범인(凡人)이 못할 일을 해내고, 천치는 살덩어리 목숨에 불과하다. 천재의 두뇌는 빼어나고, 천치의 두뇌는 먹통과 같다. 두뇌의 차이로 본다면 천재와 천치는 하늘과 땅 사이다.

 두뇌가 명석하기를 바란다면 머릿속을 번잡하게 하지 말아야 한다. 한 가지 일에 몰두하는 순간만은 누구나 천재가 된다. 한 우물을 파야 샘물을 얻는 법이다. 몰두하면 잊었던 것도 선명하게 되살아나지만 생선 타는 냄새를 맡은 고양이처럼 나불대면 두뇌는 헝클어진 머리카락처럼 얽혀 멍해지고 만다. 부산을 떨어 머릿속을 멀뚱멀뚱 멍하게 한다면 천치와 다를 것이 없다.

 마음을 고요하게 마주하면 맑은 거울처럼 되고, 마음을 번잡하게 부리면 깨진 거울처럼 되어 제대로 비치는 것이 없다. 머리가 나쁘다고 투덜댈 것이 아니라 일을 하는 동안 몰두하는 버릇이 앞서야 한다. 몰두하려면 먼저 머릿속을 번잡스럽게 굴리지 말아야 한다.

【 채근담의 말씀 】

> 번잡한 때를 당하면 평일에 알았던 것도 멍해 잊어버리고, 깨끗하고 편안한 곳에 있으면 옛날에 잊었던 것도 선명히 떠오른다(時當喧雜 則平日所記憶者 皆漫然忘去 境在淸寧 則夙昔所遺忘者 又恍爾現前). (후 38)

참다운 것은 거저 오지 않는다

 물가의 해오라기는 물속의 고기 떼를 살피지만 한꺼번에 두세 마리를 쪼지 않는다. 단 한 마리를 택해 어긋남 없이 부리질을 해야 날렵한 물고기 한 마리를 건져 먹을 수 있기 때문이다. 그렇게 되기까지 해오라기는 오랜 시간을 참아야 한다.

 온실에서만 자란 화초는 뜰에 나오면 시들해져 버리고, 들판의 야생초를 온실에 넣으면 잎만 무성해질 뿐 꽃피우기를 잊는다. 그러므로 삶의 온실에 있다고 놀아날 것도 없고, 삶의 들판에 있다고 투덜댈 것도 없다. 단맛을 알아야 쓴맛을 알고 오르막을 알아야 내리막을 아는 법이다. 내리막을 편하다고 내달리면 정강이가 부러지고, 오르막이 힘들다고 피하면 오르지 못한다.

 모든 일에는 어려움이 따른다. 쉽다고 척척 해치우고 어렵다고 피하면 아무 일도 마감하지 못한다. 난관에 부딪쳤을 때는 수월했던 때를 기억하고 어려움을 의심해 보라. 그러면 쉬운 것에서 어려운 것을 풀어내는 실마리를 찾을 수 있을 것이다. 높은 곳에 이르려면 낮은 곳에서부터 시작해야 하고, 깊은 물에서 헤엄치려면 얕은 물에서 물놀이를 해야 하는 법이다.

【채근담의 말씀】

괴로움과 즐거움을 뒤섞어 맛보아야 고락이 서로 밀어 주고 끌어 주어 행복이 이루어져 비로소 오래 간다(一苦一樂相磨練 練極而成福者 其福始久). (전 74)

고난보다 더 좋은 선생은 없다

깎아지른 벼랑 끝 바위 틈새에 뿌리를 내린 향나무는 비옥한 흙 속에 뿌리를 내린 향나무보다 더 짙은 향기를 품는다. 생존의 고난이 더 짙은 향기로 승화한 까닭이다.

모질고 강한 폭풍이 불어 땅 위에 서 있는 우람한 나무들이 뿌리째 뽑혀 쓰러질 때도 벼랑 끝에 터를 잡은 향나무는 흔들릴 뿐 뽑히지 않는다. 생존의 고난이 모진 고통을 이겨내는 힘이 되는 까닭이다.

비옥한 땅에서 자란 나무를 척박한 땅에 심으면 견디지 못하고 죽는다. 그러나 바위 틈에 있던 나무를 캐다가 땅에 심으면 죽지 않고 자란다. 바위 틈에서 이미 삶의 고난을 겪은 까닭이다.

과보호를 해서 아이를 키우는 부모는 그 아이의 인생을 훔치는 셈이다. 바닷가의 가마우지는 입을 벌리지 않는 새끼에게는 먹이를 주지 않는다. 아이에게 사탕을 자주 주면 이빨이 썩고, 의지하는 버릇에 길들여지면 아이의 마음이 불구가 된다.

고난을 두려워하면 그 고난은 더 차가운 얼음이 되고, 고난에 맞서면 그 순간부터 봄바람이 불기 시작한다. 얼음처럼 차가운 고난은 훈훈한 바람에 녹아 마른 목을 축이는 감미로운 물이 된다. 그러므로 고난 앞에 절망하면 더없는 선생을 놓치는 셈이고, 고난에 맞서서 이겨내면 천하에 둘도 없는 스승을 만나 제 힘으로 살아가는 비밀을 몸소 터득하게 된다.

【 채근담의 말씀 】

사람을 괴롭게 하는 고난은 큰사람을 단련해 주는 화로이자 망치다(橫逆困窮 是煅練豪傑的一副鑪錘). 단(煅) 로(鑪) 추(錘) (전 127)

괴로움을 즐거움으로 바꾼다

 쌀밥은 좋고 꽁보리밥은 싫다. 고기는 좋고 푸성귀는 싫다. 이렇게 좋은 것 싫은 것을 밝혀 좋은 쪽만 탐하면 몸은 살찌면서 병든다. 그러나 꽁보리밥도 푸성귀도 좋다고 하면 몸은 마르면서도 병을 모른다. 그래서 단맛은 뱃속을 게으르게 하고, 쓴맛은 뱃속을 부지런하게 한다는 게다.

 새옹지마(塞翁之馬)의 지혜는 좋다고 손뼉을 치고, 나쁘면 주먹을 쥐지 말라는 것을 말해 준다. 불행 앞에 절망하면 막 가는 짓이고, 행복 앞에 환호하면 뒤따라올 불행을 잊고 망나니가 되기 쉽다.

 즐거울수록 삼가고 놀아나지 말아야 한다. 놀아나면 즐거움은 불길을 만난 눈송이처럼 되고 만다. 슬플수록 마음을 가다듬어 차분해야 한다. 겨울 찬바람이 불어 물을 얼리면 이른 봄 따뜻한 바람이 불어 녹여 준다. 싫은 것들을 물리치지 않고 거두어들이려고 하면 반가워지는 기쁨이 파란 풀밭에 핀 풀꽃처럼 향기를 품는다.

【 채구담의 말씀 】

달관한 사람은 마음에 어긋나는 것으로 즐거움을 삼아 마침내 괴로운 마음을 즐거움으로 바꾸어 놓는다(達士以心拂處爲樂 終爲苦心換得樂來). 〈전 204〉

올빼미는 썩은 것을 좋아한다

 마음에 욕심이 사납게 너울을 칠 때면 올빼미를 생각해 볼 일이요, 불나방을 떠올리면 사나운 욕심을 달래 볼 수가 있을 게다.

 사람의 몸은 싱싱한 것을 먹어야 목숨을 부지한다. 썩은 것을 먹으면 탈이 나고, 심하면 목숨을 잃는다.

 인간의 욕심은 싱싱한 것인지 썩은 것인지를 분간 못하게 몰아치려고 한다. 열심히 땀 흘려 번 돈은 싱싱한 재물이지만 남을 등쳐서 훔친 돈이나 뒷거래로 뜯어낸 돈 따위는 썩어빠진 재물에 불과하다. 썩은 재물을 탐하는 사람은 제 마음속을 올빼미의 위장쯤으로 여기고 썩은 재물을 삼키지만 세상이 올바르게 되면 뱉어 내게 마련이다. 사람의 세상에서는 썩은 것은 쓰레기통에 버려지는 까닭이다. 뇌물을 먹은 죄로 옥살이를 하는 자들은 썩은 것을 먹고 토해 낸 꼴이다.

 썩은 음식을 먹으면 몸에 병이 나지만 더러운 것을 노리면 마음에 병이 난다. 몸에 부스럼이 나면 아픈 줄 알지만 마음이 썩어 가는 것을 알자면 오랜 세월이 걸린다. 그래서 몸의 때를 무서워 말고 마음의 때를 무서워하라고 하는 게다.

【채근담의 말씀】

맑은 샘, 싱싱한 푸성귀가 있어 무엇인들 먹지 못하랴만 올빼미는 썩은 들쥐를 즐긴다(淸泉綠卉 何物不可飮啄 而鴟鴞偏嗜腐鼠). 훼(卉) 치(鴟) 효(鴞) 기(嗜) 서(鼠) (후 70)

감정의 흔적을 남기지 말라

 하늘은 하늘이며 땅은 땅이다. 구름이 변하고 바람이 불고 밤이 되고 낮이 된다고 하늘이 바뀌는 것은 아니다. 봄이 되면 새잎이 돋고 꽃이 핀다. 여름이면 무성하고, 가을이면 열매가 익고 잎이 진다. 겨울이 되면 산천의 초록은 가시고 앙상한 나무 숲이 삭풍에 우짖는 바람 소리를 지른다. 철 따라 이렇게 변하지만 땅이 바뀌는 것은 아니다.

 하늘과 땅은 한결같지만 그 사이의 모습들은 천태만상으로 변한다. 인간의 마음은 하늘의 마음이다. 이런 말은 마음 그 자체의 본바탕을 뜻하는 셈이다. 그 본바탕을 성(性)이라고 한다.

 마음을 하늘처럼, 땅처럼 생각하는 것이 성(性)이다. 성은 마음의 본적이고, 정감은 마음의 현주소 같다고 생각해도 된다. 마음이 변덕을 부리는 것은 정감이 요동을 치는 것이지 마음 그 자체가 변하는 것은 아니다. 땅 위에 무수한 사물이 있는 것처럼 마음에도 갖가지 모습이 있다. 그러한 정감의 모습을 희로애락(喜怒哀樂)이라고 한다.

 날씨가 흐려 있으면 반드시 맑아지고 맑으면 반드시 흐려진다. 마음에도 날씨가 있다. 기쁨이나 노여움, 슬픔이나 즐거움 등등은 모두 마음의 날씨다. 그러한 모습은 하늘에 떠 가는 구름처럼 변덕스럽다. 이렇게 변덕스러운 정감에 붙들려 애달파

할 것은 없다. 구름처럼 흘러오고 흘러가게 내버려두면 원한은 하찮은 셈이다.

【 채근담의 말씀 】
돌개바람이 불고 소낙비가 쏟아지다가도 홀연히 밝은 달과 맑은 하늘이 나타난다(疾風怒雨 俊變爲朗月晴空). 숙(俶) (전 124)

젊음과 늙음은 한 겹이다

 오랜 세월의 풍상을 겪은 고목의 밑동에서 새로운 싹이 나온다. 엄두꺼비의 새끼들은 제 어미의 썩은 살을 파먹고, 바다를 수만 리나 헤엄쳐 건너온 연어는 산천의 맑은 개울에 알을 낳고 죽는다. 죽음이 생을 낳는 것보다 더 장엄한 것은 없다.

 젊음이 있으므로 늙음이 있고, 죽음이 있으므로 삶이 있다. 인생이란 그렇게 이어 달리는 여정이다. 천지는 여인숙이요, 만물은 거기서 머물다 지나가는 길손일 뿐이다. 이처럼 삶이란 넘겨주고 받는 물림이다. 이렇게 대물림을 예찬하라. 젊음만 바라고 늙어감을 슬퍼하는 것보다 더 어리석은 짓은 없다. 물에 떨어진 칼을 찾자고 뱃전에 금을 그어 표시를 한다고 흐르던 물이 멈출 것인가?

 인생이 나그네라고 해서 떠돌이 유랑객이 되라는 것은 아니다. 생사의 인연을 안다면 그 인연을 담고 있는 지극한 진리를 어찌 외면할 것인가! 새들이 운다고 할 것 없다. 새들이 노래한다고 여긴다면 세상은 모조리 즐겁다.

【 채근담의 말씀 】
머리는 빠지고 치아는 성겨져 가는 모습은 시들며 변해 간다(髮落齒疎 任幻形之彫謝). (후 51)

못나면 제 자랑을 한다

산천에 펄펄 날던 꾀꼬리는 아름다운 목청 탓에 조롱에 갇혀 얻어먹고 살기 쉽다. 마음이 넓고 깊은 사람은 꾀꼬리 같은 목청을 지니고 있으면서도 뱁새처럼 산다. 그래서 노자(老子)는 가슴에 옥을 품어도 누더기 옷을 걸치고 산다는 말을 남겼던 모양이다.

사랑하는 마음은 사랑이란 말을 내지 않는다. 어미가 젖을 먹일 때 어린것에게 영양 좋은 젖이라고 자랑하지 않는다. 젖먹이 역시 젖을 빨다가 젖배가 차면 스스로 젖꼭지를 잇몸에서 내놓는다. 어미는 그것으로 족하고 행복해한다. 그 둘 사이에 무엇을 내세워 자랑할 것인가! 모유는 분유가 아닌 까닭이다. 오로지 분유 회사가 분유 자랑을 한다.

부를 자랑하면 졸부가 되고, 지위를 자랑하면 간신이 된다. 졸부는 헐벗은 허수아비를 감추는 짓이고, 간신은 굶주린 개가 남의 밥통을 훔치듯 염탐꾼에 불과할 뿐이다. 자랑할 것이 많을수록 자랑할 것이 없다. 참다운 겸손이나 겸양은 여기서 나온다.

【채근담의 말씀】
저자가 부를 내세우면 나는 사랑하는 마음으로 대하고, 저자가 지위로 나오면 나는 올바름으로써 대한다(彼富我仁 彼爵我義). (전 42)

욕망의 불길은 나를 태운다

 살갗에 불똥이 떨어지면 단번에 뜨거운 줄 안다. 그러나 마음속에서는 사나운 불길이 타올라도 뜨거운 줄을 모른다.

 내 욕심을 채우려는 내 욕망은 나를 땔감으로 만들어 버린다. 호사스럽게 자란 사람일수록 제 욕망의 포로가 되어 온 세상이 자기를 위하여 펼쳐져 있는 것처럼 호기를 부린다. 그래서 재물로 자식을 키우면 망나니의 졸개가 되기 쉽다는 게다.

 자식을 날라리로 내버려두는 부모들은 제 자식이 날라리인 줄 모른다. 본래 돼지 눈에는 돼지만 보이고 부처의 눈에는 부처만 보인다고 한다. 부모가 썩었으니 자식들은 더러운 냄새를 풍길 수밖에 없다. 돈궤에 돈이 찰수록 깨끗한 마음씨는 툇마루로 밀려나고, 돈궤가 빌수록 맑은 마음이 안방으로 들어온다고 한다. 돈이면 세상을 살 수 있다고 착각하는 사람들은 헛배가 불러 세상을 얕본다. 그래서 부유한 사람이 욕심을 부리면 성난 불길 같고, 그 불길은 권세의 불꽃이 되어 결국 남을 태우려던 불길이 제 몸으로 옮겨 붙어 자신을 태워 버린다. 이러한 것을 두고 스스로 방정맞아 벌을 받게 되는 업보(業報)라고 한다.

【채근담의 말씀】

탐욕이나 권세의 불꽃은 남을 태우는 것이 아니라 반드시 제 자신을 불살라 녹여 버린다(嗜欲權勢火焰不至焚人 必將自爍矣). 염(焰) 삭(爍) (전 100)

자기 단련은 혹독해야 한다

스스로 자기를 채찍질할 줄 아는 사람에게는 온 세상이 학교다. 자신을 갈고 닦는 사람은 삶의 선악을 놓치지 않는다. 선하면 본받고, 악하면 물리친다. 이것이 자기 단련의 바탕이다.

자기 중심이 분명한 사람은 선을 가까이하고 악을 멀리한다고 자랑하지 않는다. 선을 반기고 악을 안타까워하면서 자기를 선하게 단련할 뿐이다.

잘 부러지는 무쇠도 불에 달구어 두드리면 단단해지고, 검은 갱엿도 수백 번 주리를 틀면 하얀 엿가락이 된다. 뻣뻣하고 거친 지푸라기도 자근자근 밟아 주면 부드러운 풀섶이 된다. 이처럼 자기 단련을 멈추지 않는 사람은 부드러우면서도 질기다.

부드러우면서 강인한 마음은 매사에 신중할 뿐 오두방정을 떨지 않는다. 그래서 공자도 군자는 자신에 대해 무척 삼간다고 했다. 왜 자신에 대하여 엄격하고 신중할까? 자기가 자기를 속일 수 없는 까닭이다. 그러므로 사소한 일일지라도 온 정성을 들여 마주한다.

【 채근담의 말씀 】

실천하는 일은 무게가 삼천 근이나 되는 큰 활을 당기는 것과 같아야 한다. 경솔하게 행하는 자는 큰 공을 세울 수가 없다(施爲者宜似千鈞之弩 輕發者無宏功). (전 191)

남의 결함일수록 덮어 준다

 남이 잘되면 배 아파하고 남이 못되면 고소해하는 사람은 어디에서나 외톨이가 된다. 반면에 남이 잘되면 부러워하고 남이 낭패를 당하면 안타까워하는 사람은 어디를 가더라도 외롭지 않다.

 남의 허물을 들추어 홍보는 사람은 저 자신이 두 겹의 허물을 짜깁고 있다는 것을 모른다. 허물을 꼬집어 쾌감을 누리는 것은 상처를 문질러 덧나게 하거나 흉터 자국을 보고 상처를 일깨워 주는 잔인한 짓이다. 좋은 일을 알려 주면 주변 사람들의 마음에 꽃이 피지만, 궂은 일을 들추면 사람들의 마음이 시궁창으로 변한다.

 무엇이 잘한 일이고 무엇이 못한 일이란 말인가! 너그러운 눈으로 보면 모난 것도 둥글게 보이고, 옹색한 눈으로 보면 둥근 것도 모나게 보이지 않는가! 내 마음이 더러우면 세상이 더럽게 보이고, 내 마음이 고우면 세상이 곱게 보이는 법이다. 남의 흉 허물을 입질에 올려 입방아를 찧으면 결국 방앗고가 허물을 지은 이를 찧는 것이 아니라 입방아를 찧는 당사자의 마음을 바수는 꼴이 된다.

 허물은 상처와 같다. 낫게 해 주고자 한다면 상처를 건드리지 않고 약을 발라 주어야 한다.

마음의 상처를 낫게 하는 데 용서하고 이해하는 것보다 더 좋은 명약은 없다.

【 채근담의 말씀 】

남의 잘못은 애써 덮어 주어야 한다. 잘못을 드러내 발기면 이는 잘못으로써 잘못을 공격하는 것과 같다(人之短處 要曲爲彌縫 如爆而揚之 以短攻短). (전 121)

덕은 말을 멀리한다

 공치사를 하는 사람은 처음부터 대가를 바라고 일을 하게 마련이다. 작은 일을 해 놓고 큰 대가를 바라는 마음에서 공치사가 빚어진다. 공치사는 항상 대가가 적다고 투덜거린다. 일한 만큼 보답을 받으면 족하다. 그런데 공치사는 공정한 것을 싫어하고 편애하기를 바란다. 그러한 편애는 속임수를 불러오게 마련이다.

 공치사를 하지 않으면 그것이 곧 덕이다. 거저 얻거나 줍는 것은 훔치는 것과 다를 것이 없다. 물건을 훔치면 덩달아 마음마저 훔치게 된다. 여기서 속임수가 재주를 부린다.

 이러한 경우를 당했을 때 왜 속임수를 쓰느냐고 삿대질을 하면서 검사 노릇을 하려고 하면 시비의 싸움이 일게 된다. 방귀 낀 자가 성낸다는 속담이 있지 않은가. 다툼을 하면 덕은 사라져 버리고 만다.

 상대방에게서 모욕을 받았다고 나도 되받아서 모욕을 퍼부으면 모욕은 두 겹이 되어 더욱 상스럽게 되고야 만다. 하지만 모욕을 되갚지 않고 스스로 참고 이겨내면 모욕은 수치스러운 것이 되어 모욕한 자에게 머물러 마음속을 찔러 주게 된다. 남을 모욕하는 사람은 저 자신이 추하거나 더러움을 감추는 것에 불과하다.

당당하고 떳떳한 사람은 모욕이란 것을 모른다. 덕 앞의 모욕은 참으로 하찮은 짓에 그치고 만다.

【 채근담의 말씀 】

남의 속임수를 알지라도 말로 드러내지 않으며 모욕을 받더라도 내색하지 않고, 거기에 무궁한 뜻[德]이 있다(覺人之詐 不形於言 受人之侮 不動於色 此中有無窮意味). (전 126)

너그럽고 검소하면 화목하다

 부잣집은 밖에서 보기에는 찬란하지만 속을 들여다보면 불화의 차가움이 숨어 있고, 가난한 집은 밖에서 보면 초라하지만 그 속을 들여다보면 화목해서 따뜻하다는 말이 있다.

 남에게 인색하고 자신에게만 넘치게 후한 사람은 어디를 가나 가시를 만들고 남의 삶을 얕보려고 한다. 그러나 자신에게는 인색하면서 남에게는 후한 사람은 어디를 가나 도와줄 마음이 앞서 있으므로 어둠을 밝게 한다.

 세상에 왜 불평들이 가득하고 낭비와 허영이 탕진의 꼬리를 치고 있는 것일까? 저마다 자신을 위해서만 마음을 쓸 줄 알고 남을 위해서는 마음을 쓸 줄 모르는 탓이다. 남을 위하는 마음도 집 안에서 길러지고, 남을 위할 줄 모르는 인색한 마음도 집 안에서 물드는 법이다.

【 채근담이 말씀 】

> 너그러우면 불평이 없어지며 오직 검소하면 모자람이 없다(惟恕則情平 惟儉則用足).
> (전 186)

친구 따라 강남 가는가?

 길가에 돌이 있으면 치우면 되고, 손톱 밑에 가시가 박혔으면 뽑아 내면 된다. 물이 막혔으면 물길을 터 주면 물이 빠지고, 빛살이 눈부시면 그늘 속으로 들어가 잠깐 멈추면 된다. 이처럼 사물의 장애물은 마음만 먹으면 금방 치워 버릴 수 있다.
 그러나 의리에 얽힌 장애물은 치우기가 어렵다. 충신도 의리를 부르짖고, 간신도 의리를 앞세우고, 깡패도 의리를 앞세운다. 깡패의 입에서 의리란 말이 붙어 나올 때면 의리는 묘하게 뒤틀린다.
 한번 맺은 인연이 썩은 정이 되어 의리를 따지고 나오면 그것을 무시하고 치워 버리기가 어렵다. 왜냐하면 좋든 궂든 마음으로 다진 사연은 풀기 어려운 까닭이다. 그러나 선하지 않거든 의리를 앞세우지 말라. 그러면 삶은 깔끔해질 수 있다.
 삶은 맑고 깨끗해 담백하다면 색칠할 필요가 없다. 있는 그대로의 삶은 담담하면서도 따뜻한 보금자리를 마련한다. 그러나 못된 패거리로 삶을 나누자고 하면 더러운 마음이 의리란 미명(美名)을 앞세워 삶을 천하게 만들고 험하게 한다.

【 채근담의 말씀 】

> 사물의 장애물은 치울 수 있지만 의리에 얽힌 의리는 없애기 어렵다(事物之障可除 而義理之障難除). (전 190)

마음을 얽어매면 병이다

 들판에 사는 새는 열 걸음 걸어 물 한 모금 마시고 백 걸음 걸어 겨우 모이 하나 줍지만 조롱에 갇혀 편히 먹고사는 새를 부러워하지 않는다. 왜냐하면 조롱 속의 새는 마음이 편치 않을 것이기 때문이다. 이렇게 장자(莊者)가 말한 적이 있다.

 마음을 묶지 마라. 산천을 훨훨 날아다니며 사는 산새처럼 마음을 풀어 두라. 그러면 마음은 날개를 달고 나를 가볍게 날게 할 것이다.

 마음을 막지 마라. 고집스런 사람은 마음으로 하여금 고혈압을 앓게 한다. 아무리 타일러도 막무가내인 사람은 하나만 알고 둘은 모른다. 그래서 벽창호 소리를 듣는다. 캄캄한 방보다 훤하고 밝은 방이 좋지 않은가!

 마음이 조촐하면 눈이 밝고 귀가 트이는 법이다. 마음이 허황되면 눈이 어둡고 귀가 먹는다. 그러면 생각이 막히고 마음이 말뚝에 매인 염소처럼 맴돌기만 한다. 이보다 더한 바보짓은 없는 게다.

【 채근담의 말씀 】

모름지기 생각을 조촐하게 하여 텅 빈 듯이 하고, 이런저런 생각으로 근심하거나 무엇을 고집하지 마라(須念淨境空 慮忘形釋). (후 84)

고요한 물에 달이 뜬다

 바람이 불면 물결이 치고 물속의 달 그림자는 없어진다. 불던 바람이 자면 치던 물결이 사라지고 없어졌던 달 그림자가 다시 드러난다. 마음속도 이와 같다. 바람든 마음은 차분하지 못해 쉴 줄을 모른다. 무엇인가를 제대로 알맞게 생각하자면 먼저 마음속에 바람이 일지 않게 해야 한다. 생각이 뒤숭숭해 갈피를 잡을 수 없다고 푸념하지 마라. 생각이 얽힌 것이 아니라 이 생각 저 생각이 공연히 마음을 뒤숭숭하게 하는 것이다.

 몸이 피로하면 쉬거나 잠을 자야 한다. 마음도 그러하다. 마음이 잠잠해지면 한없이 편안하고 안락하다. 마치 물속의 달 그림자처럼 뜻이 선명하게 떠오른다. 그리고 마음이 선명해지면서 생각이 가닥을 잡기 시작한다. 이러한 마음 씀씀이가 사람을 건강하게 한다.

【채근담의 말씀】

뜻이 고요하면 마음이 밝아진다. 뜻을 온전하게 하지 않으면서 마음이 밝기를 바라는 것은 거울을 찾으면서 때를 더하는 것과 같다(意淨則心淸 不了意而求明心 如索鏡增塵).
(전 171)

죄는 감추어지지 않는다

　세상이 험악해져 이제는 완전 범죄를 노리는 인간들이 많아졌다. 그들은 세상을 속일 수 있을지는 몰라도 자기 자신을 속일 수는 없다. 몹쓸 인간이 되면 열병 든 개처럼 꼬리를 사리며 한평생 마음 졸이며 산다. 지은 죄가 세상에 드러나지 않아 감옥에 가지 않는다고 옥살이를 하지 않는 것은 아니다. 법의 감옥은 밖에 있지만 양심의 감옥은 바로 제 마음속에 있는 까닭이다. 법은 죄를 놓칠 수 있지만 양심은 놓치지 않는다.

　간이 병들면 눈이 보지 못하고, 콩팥이 병들면 귀가 듣지 못한다. 보이지 않게 시작된 병이지만 결국엔 드러나게 마련이다. 죄를 짓는 것보다 더 무서운 병은 없다. 세상에 드러난 죄만 죄가 아니라 남 모르게 마음속에서 짓는 죄도 죄다. 험악한 세상이라고 푸념하면서 우리는 하루에도 몇 번씩 살인죄를 마음에 짓고 사는 것이 아닌가! 이렇게 반성해 보는 순간 마음속에서 짓는 죄를 쓸어 내는 빗자루를 쥐게 된다.

【 채근담의 말씀 】

군자는 세상이 보는 앞에서 죄를 얻지 않고 싶어 세상이 보지 않는 데서부터 죄를 짓지 않는다(君子欲無得罪於昭昭 先無得罪於冥冥). (전 48)

반성은 선행(善行)의 길이다

후회하는 사람보다 뉘우치는 사람이 더 현명하다. 후회는 잘 잘못을 분간하기 쉽지 않지만, 뉘우침은 잘잘못을 가려 알고 잘못을 부끄러워하는, 마음이 아파하는 모습이다.

잘못을 뉘우치면 잘못을 범한 것은 물거품처럼 흘려보내도 된다. 한 번의 잘못은 성인에게도 있는 법이다. 그러나 두 번 겹쳐 같은 잘못을 범하는 것보다 더 어리석고 우둔한 짓은 없다.

남의 허물을 흠잡는 사람은 생각마다 가시밭길로 통하게 하지만 남을 험담하기 전에 먼저 자신을 돌이켜 보고 반성하는 사람은 맺힌 것도 풀어 주고 막힌 것도 뚫어 주는 곳을 찾아 삶의 길을 낸다. 남을 통하여 자기를 바라보고, 남의 말을 들어 자신의 말을 살필 수 있다면 그 자리에서 곧 선이 악을 물리칠 수 있다. 이보다 더 흐뭇한 삶은 없다.

【채근담의 말씀】

자기 반성을 하는 이는 일마다 이로운 약이 되지만 허물을 일삼는 이가 생각을 움직이면 해치는 창이 된다(反己者觸事 皆成藥石 尤人者動念 卽是戈矛). (전 147)

베풀되 베풂을 잊어라

 뜻을 세워 열심히 사는 것은 아름답다. 그러나 세운 뜻에 목을 매달듯이 사는 것은 보기에 딱하다. 출세욕에 미쳤거나 재물의 탐욕에 빠져 버리면 굶주린 개가 쓰레기통을 뒤지는 것처럼 보여 흉하다.

 성공은 일한 뒤에 오는 것일 뿐 일하기 전에 성공을 바란다면 요행을 바라고 인생을 저당 잡히는 것과 같다. 억지로 성공을 노리면 허물을 짓게 마련이다. 허물이 있는 성공이란 이마 위에 있는 흉터에 불과하다. 허물없는 인생보다 더한 성공은 없다.

 허물없는 인생은 베풀며 사는 삶이다. 베풂이 덕이 되면 임금도 그 앞에서 고개를 숙인다. 나아가 베푼 다음 되돌아올 은혜를 생각하지 않는다면 원망 따위는 아예 생겨나지 않는다. 그러나 입은 은혜를 갚아 달라고 하면 덕이 될 수 있는 것이 곧장 원망으로 변하기 쉽다. 베풀되 원망을 사지 않으면 덕을 입은 성공이다. 그러면 인생은 저절로 찬란해진다.

【 채구담의 말씀 】

허물없는 것이 곧 공이며, 원망을 사지 않는 것이 곧 덕이다(無過便是功 無怨便是德).
(전 28)

사람을 골라 사귈 것은 없다

좋은 사람이라고 해서 서둘러 사귈 것도 없고, 몹쓸 사람이라고 해서 전염병처럼 꺼릴 것도 없다. 선 앞에서도 무던하고 악 앞에서도 무던한 사람은 마음의 중심을 잡을 줄 안다.

정을 소나기처럼 퍼붓는 사람은 진득하지 못하다. 소나기는 반나절의 절반도 가지 못한다. 변덕스러운 사람은 종잡을 수가 없어서 말을 함부로 했다간 억장이 무너지는 꼴을 당하기 쉽다. 변덕 앞에서 침묵보다 더 좋은 약은 없다.

착한 사람과 사귐에 있어서도 듬직해야 한다. 착한 사람을 좋아한다고 미리 알리고 대하면 남의 눈을 의식해 선한 것이 탈을 쓰기가 쉽다.

그러나 착한 사람과 사귀면 선과 친하게 된다. 그렇다고 설불리 사귈 생각보다 선한 사람이 가까이하기를 바랄 때까지 기다리면서 착한 것을 본뜨려는 마음을 지닌다면 아무런 탈이 없을 것이다. 착하면 시샘꾼이 붙게 마련이다. 성급하게 착한 사람과 가까이할 때 구설수가 빚어지는 것은 이간질하기 좋아하는 간사한 무리 때문이다.

【채근담의 말씀】
착한 사람과 빨리 사귈 수 없거든 먼저 그 착함을 드러내 칭찬하지 말라. 이간질하는 간사한 무리가 끼어들까 두렵다(善人未能急親 不宜預揚 恐來讒譖之奸). 양(揚) 참(讒) 참(譖) (전 131)

마음을 비우면 행복하다

 현명한 부모는 자녀에게 욕심을 덜어내는 비밀을 터득하게 하고, 어리석은 부모는 자녀의 마음속을 욕심으로 그득하게 채우려고 한다.
 자식이 자라서 훌륭한 사람이 되지 않기를 바라는 부모는 없다. 어떻게 살아야 훌륭한가를 잘 생각해서 훌륭하게 될 미래를 열도록 하면 자식 농사를 망칠 확률이 줄어들게 된다.
 개를 사냥개로 키울 때는 굶주림에 시달리게 하여 먹이를 보면 분노하도록 한다는 게다. 개의 코앞에 고깃덩이를 매달아 놓고 굶기면 개는 매달린 먹이를 보고 발광을 한다. 그러나 고깃덩이를 물어 먹으려고 발버둥치면 칠수록 고깃덩이는 그만큼 높이 올라간다. 이렇게 사냥개를 키우듯이 자녀를 키운다면 어떻게 될까? 커서 사냥개처럼 되어 먹이를 찾아 물려고 세상을 사냥터쯤으로 여길 것이다.
 '무슨 대학에 꼭 가야 한다. 성적이 좋아야 한다. 꼭 일등을 해야 한다' 면서 들볶는 부모는 자식을 사냥개로 키우는 꼴이다. 이 얼마나 잔인하고 매몰찬가!
 그러나 현명한 부모는 자녀의 마음속을 편하게 해 주려고 노력한다. 편안한 마음이 세찬 세상을 살아가는 데 가장 믿음직하고 튼튼한 성채라는 것을 아는 까닭이다. 편안한 마음을 누리게 하자면 사납게 물욕을 부리는 버릇부터 없애는 길을 걸어야 한다. 그러면 그 순간 행복을 누릴 수가 있다.

【 채근담의 말씀 】
마음에 물욕이 없으면 그 순간부터 맑은 가을 하늘이요, 고요한 바다다(心無物欲 卽是 秋空霽海). (후 9)

고난을 무서워 마라

젊어 고생은 사서도 한다. 왜 이러한 속담이 있을까? 쾌락은 몸과 마음을 병들게 하지만 고통은 튼튼하고 든든하게 해 주는 까닭이다. 고난을 두려워하면 그것은 더욱 무서운 가시밭이 되어 버린다.

산을 오를 때 가파른 비탈을 겁내면 정상을 밟지 못한다. 몸을 비탈로 끌어올리자면 무척 힘이 든다. 힘이 드는 것만큼 마음은 상쾌해지고 몸은 가벼워진다. 땀을 흘려 정상에 오르면 몸이 날아갈 듯 가볍고, 마음속은 가을 하늘처럼 맑고 투명해진다. 이렇게 상쾌한 순간은 가파른 비탈을 힘들여 오른 선물이 아닌가!

밤이 가면 낮이 오는 것처럼, 어둠의 고통 뒤에는 밝은 환희가 기다리고 있다는 것을 잊지 않는다면 고난의 노예가 되지 않는다. 고난을 두려워하다 보면 결국 삶을 대할 때 부정적인 인간으로 변하고 만다. 고될수록 기쁨이 가까이 오고 있다고 여기면 풍랑을 만나도 겁내지 않는 어부처럼 인생의 항로에서 벗어나지 않을 수 있다.

비통하다고 마음을 태우면 두 배로 고통스럽고, 불행을 겹으로 쌓게 된다. 무거운 고난일수록 가볍게 대하는 마음이 앞서면 참아 내는 여유를 누릴 수가 있다. 그래서 고통스러울 때 즐거움을 찾는 마음보다 더 용감한 것은 없다. 자신에 대하여, 삶에 대하여 자신 있는 사람은 고통이나 고난을 두려워 않고 맞부딪뜨려 이겨내는 용기를 잃지 않는다. 이러한 용기보다 더 참다운 즐거움은 없다.

【 채근담의 말씀 】

고난 속에서 즐거움을 누린다면 그제야 마음과 몸이 어울리는 참다운 기틀을 만난다
(苦中樂得來 纔見心體之眞機). 재(纔) (전 88)

자연은 자유다

 모든 목숨은 자유를 누려야 제 몫을 다한다. 폭군이 군림하는 나라의 백성은 생기를 잃고, 성군이 다스리는 나라의 백성은 발랄하다. 목숨이 자유를 누리면 싱그럽고, 자유를 잃게 되면 멍들어 시든다.
 자유를 잃었다는 것은 자연을 잃었다는 것과 같다. 왜냐하면 자연은 자유 아닌 것이 없기 때문이다. 자연스럽다. 그러면 마음은 편안하고 몸은 거슬리지 않는다. 이러한 자유가 곧 자연이다.
 산천에 핀 진달래꽃은 빛깔이 신비로울 만큼 아름답지만 정원에 심어진 진달래꽃은 생기를 잃고 가냘퍼 보인다. 진달래가 자연을 잃은 탓이다. 진달래가 사람의 손을 타 앓고 있는 탓이다.
 산중의 숲 속에 사는 꾀꼬리는 진노랑의 털빛을 눈부시게 빛내며 청아한 목소리로 산골을 메운다. 그러나 조롱에 갇힌 꾀꼬리는 그 목청을 잃어버리고 빛나던 털도 윤기를 잃어버린다. 꾀꼬리가 자연을 잃어버린 탓이다.
 자연을 잃게 되면 결국 옹색해진다. 옹색하면 자유를 잃은 것과 다를 바가 없다. 왜 공기가 썩고 물이 썩고 땅이 썩어 가고 있는가? 인간이 이룩한 문명의 등쌀 때문이다. 문명은 자연을 앗아 간 대가로 모든 생물의 목숨을 옹색하게 한다.

땅속에 지렁이가 득실거리면 풍년이 든다는 옛말은 땅이 자연을 잃지 않아 비옥하다는 뜻이다. 지렁이가 살지 못하면 결국 사람도 살 수가 없다. 땅이 썩으면 어디서 살 것인가? 자연을 잃게 되면 이처럼 무섭고, 목숨이 자유를 잃게 되면 살 수 있는 생기를 잃어버린다.

【 채근담의 말씀 】

꽃이 화분에 심겨져 있으면 생기가 없고, 새가 조롱에 갇히면 자연의 신비가 없어진다(花居盆內 終乏生機 鳥入籠中 便減天趣). (후 55)

재주를 앞세우면 졸렬하다

 나무 타는 재주 하나만 믿고 사냥꾼을 얕보다 생죽음을 당한 원숭이의 우화가 있다.

 날마다 원숭이 고기를 먹어야 살 수 있었던 한 벼슬아치가 있었다. 그런 그가 원숭이가 떼지어 사는 고을의 원님이 되어 부임하게 되었다. 그날부터 원숭이들은 수난을 당했다.

 가장 연로한 원숭이가 떼를 모아 놓고 사냥꾼들이 수풀로 오면 모두 천 길 벼랑으로 피난을 하라고 명령을 내렸다. 그러나 한 젊은 원숭이가 나서서 다들 도망치더라도 원숭이의 자존심을 위해 자기는 남아 버티겠노라고 호언했다.

 고을의 명궁들이 몰려와 원숭이 사냥에 나섰던 날, 그 젊은 원숭이는 이 나무에서 저 나무로 옮겨 다니면서 나무 타는 재주를 자랑하며 사냥꾼들을 놀렸다. 한 명궁이 화살을 날리자 날아오는 살을 잽싸게 잡아 분질러 버리곤 재주를 뽐내며 해해거렸다. 다른 명궁이 활질을 하자 이번에도 역시 화살을 되받아 분질렀다.

 이에 화가 치민 명궁들이 일시에 모두 원숭이를 향해 살을 날렸다. 수십 개의 살이 날아오자 원숭이는 어느 화살을 잡을지 몰라 허둥대다 그만 앞가슴에 살을 맞고 나무에서 떨어졌다. 재주 하나만 믿고 촐랑대던 젊은 원숭이는 결국 생죽음을 당하고 말았다. 참다운 재주꾼은 제 재주를 자랑하지 않는다는 늙은 원숭이의 말을 들었더라면 목숨을 졸렬하게 잃지는 않았을 것이다.

【 채근담의 말씀 】

참으로 큰 재주는 유별난 기교가 없다. 기묘한 재주를 부리는 것은 곧 졸렬한 탓에 비롯된다(大巧無巧術 用術者乃所以爲拙). (전 62)

집착은 패배의 덫이다

 뜻이 높을수록 몸가짐을 낮게 하고 마음가짐을 느긋하게 한다. 성공하면 살고 실패하면 죽는다고 각오하는 것처럼 어처구니없는 짓은 없다. 인생은 성패의 내기가 아닐 뿐더러 성패의 담보도 아니다.

 뜻이 높을수록 아래를 살필 줄 알아야 한다. 올라가면 갈수록 내려올 줄 알아야 하는 까닭이다. 높은 벼슬을 누린다고 아래 백성을 멸시하면 돌아갈 곳이 없게 된다.

 모난 돌이 정을 맞고, 둥근 돌은 앉을 곳을 찾지 않는다. 모난 마음은 눈총을 받고 둥근 마음은 어디를 가나 어울린다. 마음의 모는 고집이며 집착이고, 편견이고 독단이다. 이러한 모서리들을 싸고 있는 마음속 보자기를 욕심이라고 한다.

 성공을 욕심부리면 부릴수록 실패의 늪에 빠지는 것은 마음에 모가 나 세파의 정을 맞는 까닭이다. 실패는 시샘꾼을 부르지 않지만 성공을 탐욕스럽게 바라면 간사한 무리의 표적이 된다. 간사한 무리들은 성공을 맛 좋은 고깃덩이쯤으로 여기고 사정없이 입질을 한다.

 그러나 성공을 멀리서 저절로 찾아오는 벗으로 여기는 사람은 참고 기다릴 줄을 안다. 마냥 기다리는 것이 아니라 맞이할 준비를 한다. 그렇게 준비를 하자면 성공 따위는 일하기에 따라

올 수도 있고 오지 않을 수도 있다고 여기는 마음이 앞서야 한다. 느긋한 마음은 텅 비울 줄을 알고, 옹색한 마음은 채울 줄만 안다. 꽉 차면 마음 씀씀이가 막히는 법이다. 그러면 멀리서 오는 성공이라는 벗을 만날 수가 없다. 집착이나 편견이 오는 길을 잘라 버리기 때문이다.

【 채근담의 말씀 】

일을 망치고 삶의 기운을 잃어버린 사람은 반드시 외고집을 부리며 억지를 부리는 자다(憤事失機者 必執拗之人). (전 197)

멀리 갈 사람은 천천히 걷는다

 찬물도 쉬어 마시고 아는 길도 물어서 간다. 냄비에서 끓는 물은 빨리 식고, 뚝배기에서 끓는 물은 더디 식는다. 아무리 바빠도 바늘 허리에 실을 매어 바느질할 수는 없는 노릇이다. 하는 일을 서둘지 말고 듬직하라는 말이다.

 돌개바람은 반 시간을 불지 못하고 소나기는 반나절을 퍼붓지 못한다. 이처럼 성급하고 조바심을 내면 될 일도 안 되는 법이다. 천 리길도 한 걸음부터 시작되고, 첫 단추를 제대로 끼워야 끝 단추가 제 구멍을 찾는 것이 아닌가! 그러나 욕심은 조바심을 불러오고 앞뒤를 가리지 못하도록 서둘러 대라고 한다. 그러면 욕심의 굴레에 매여 숨이 막히게 된다.

 마음을 편안히 간직해야 어려운 일도 쉽게 풀리고, 사람과 사람 사이에 오해의 아픔이 걸려들지 않게 된다. 그래서 차라리 마음가짐을 낮게 하라는 것이다. 높은 것은 귀하고 낮은 것은 천하다고 여길 것은 없다. 강물을 보라. 상류로 올라갈수록 강폭은 좁아지고 물살은 빠르다. 바다에 이른 강물을 보라. 늠름히 흐르면서 드넓은 강폭을 누린다. 강물의 하류 같은 마음은 귀하고, 상류처럼 조급한 마음은 천하기 쉽다.

 귀천을 따져 귀한 것만 바라고 천한 것은 팽개진다면 마음이 편하기를 바랄 수 없는 일이다. 흙보다 금이 귀하다고 하지만 흙보다 더 귀한 것은 없지 않은가! 황금은 항상 도둑을 불러 불안하게 하지만 초목을 말없이 길러 주는 땅을 밟고 서 있노라면 편안하고 든든해진다.

【 채근담의 말씀 】
높은 곳을 향해 줄달음치는 이는 빨리 쓰러진다. 귀하다는 것은 천한 것이 갖는 편안함만 못하다(高步者疾顚 故知貴不如賤之常安). (후 53)

따뜻한 마음이 행복을 누린다

왜 봄이 되면 초목에 새 움이 돋고 산새들은 노래를 하는가? 하늘이 따뜻하고 땅이 따뜻한 까닭이다. 왜 겨울이면 초목의 잎들이 떨어지고 산새들은 깃털을 접고 웅크리는가? 하늘이 차고 땅이 차기 때문이다.

천지도 따뜻하면 생명을 무성하게 하고, 차가우면 생명을 움츠리게 한다. 마음도 그와 같이 훈훈한 마음씨는 서로 도와주고 길러 주지만 차가운 마음은 아픔을 주고 앓게 하는 짓을 마다하지 않는다.

독사는 제 몸을 보전하려고 독이 든 이빨을 갖는다. 제 몸을 건드리면 사정 없이 물어 다른 목숨을 죽게 한다. 그래서 독한 인간에게서는 찬바람이 난다고 하는 게다.

그러나 마음이 훈훈한 사람은 세상을 항상 부드럽게 보고 용서하고 이해하려는 마음씨로 만나기 때문에 모든 사람들이 그를 믿고 따르게 된다. 외톨이는 마음이 매몰찬 탓이고 사람들이 믿고 따르는 사람은 마음이 훈훈하고 넓은 까닭이다. 큰사람은 훈훈하다.

【채근담의 말씀】

하늘과 땅은 따뜻하면 낳아서 길러 주고, 차가우면 시들어 죽게 한다(天地之氣暖則生寒則殺). (전 72)

뜻을 무겁게 마라

 몸가짐을 무겁게 하라. 가볍게 하면 경솔하고 경망해진다. 바깥 사물에 현혹되면 몸가짐이 방정스러워진다. 듬직한 사람은 돌다리도 두드려 본 다음 건너간다. 행동을 신중히 하라는 게다.
 뜻을 높고 넓게 세우되 무겁게 쓰지 마라. 뜻을 무겁게 하면 마음이 짓눌려 사리를 밝힐 수가 없게 된다. 성공에 매달리고 실패를 두려워하면 가위눌림에서 벗어날 수가 없다. 매달려 안절부절못하면 어느 뜻이나 겁쟁이로 만들려고 한다. 비겁하게 되면 뜻을 망친다.

【채근담의 말씀】

뜻을 쓰되 무겁게 하지 말라. 뜻이 무거우면 마음속이 사물에 얽매여 시원함과 활달함을 잃게 된다(用意不可重 重則我爲物泥 而無瀟灑活潑之機). (전 106)

공 다툼은 치사하다

 공치사를 하면 틈이 생기고, 공 다툼을 하면 굶주린 개처럼 되기 쉽다. 굶주린 개는 밥통의 밥을 놓고 물고 헤집다 먹을 밥을 쏟아 버리고 만다. 이웃한 구멍가게들이 친할 수 없다는 이치다.

 성공은 항상 시샘을 불러온다. 시샘이 커지면 시기가 되고, 시기가 사나워지면 증오가 된다. 그래서 상대의 허물을 이해하고 서로 나누게 되면 허물을 벗어나 벗이 되지만 공 다툼을 벌이면 형제간도 원수처럼 되기 쉽다. 사과나무는 사과를 맺게 하지만 제 열매를 팔지 않는다.

【 채근담의 말씀 】

마땅히 사람과 허물을 같이할지언정 공을 같이하지는 마라. 공을 같이하면 서로 시기하게 된다(當與人同過 不當與人同功 同功則相忌). (전 141)

관광은 멀리 가지 않아도 된다

 경치는 먼 곳에 있는 것이 아니다. 고개를 들어 하늘을 보고 마을을 둘러싸고 있는 산천을 보아도 아름답다. 아름다움은 낯선 곳에 있는 것이 아니라 낯익은 곳에서 참다웁게 다가온다.
 금강산만 구경할 곳은 아니다. 길가 풀섶에 숨어 피어 있는 풀꽃 한 포기도 금강산과 같을 수 있다. 아름다움을 사귀는 사람은 이웃의 정을 안다. 많은 돈을 들여서 멀리 나가 구경한다는 사람들은 오히려 아름다움을 잃고 돌아오기 쉽다. 아름다움은 묵은 정에서 맑게 피는 까닭이다.
 민들레꽃 옆에 개똥 무더기가 있고, 그 똥 무더기에 노랑나비가 앉아 쉬는 모습을 보고 가던 길을 멈춘 사람은 개똥이 더럽지 않고 아름다울 수 있는 비밀을 발견할 수가 있다. 그렇다. 나에게 따뜻한 정만 있다면 곱지 않은 것이란 없고 아름답지 않는 것이란 없다. 온 세상이 예쁘게 보이는 것보다 더한 행복이 어디 있단 말인가!

【 채근담의 말씀 】

멋진 경치는 먼 데 있지 않다. 오막살이 초가에도 시원한 바람과 밝은 달이 있다(會景不在遠 蓬窓竹屋下 風月自賖), 사(賖) (후 5)

겉과 속이 다르면 거짓이다

 마음이 탈을 쓰면 뒤탈이 난다고 한다. 얼굴에 탈을 쓰면 얼굴을 감추는 짓이고, 마음이 탈을 쓰면 마음을 숨기는 짓이다. 감춘 것은 드러나고 숨긴 것은 밝혀지게 마련이다.

 한결같은 마음은 탈을 쓰지 않는다. 해치려는 생각은 수작을 부리고, 도우려는 생각은 솔직하다. 솔직함은 있는 그대로이므로 말을 보탤 필요가 없다. 그래서 침묵을 의심치 말고 믿으라고 한다.

 참다운 친절은 마음속에 있을 뿐 입술에 있지 않다. 앞에서는 사탕발림의 말을 해 놓고 뒤에 가서는 험담하는 마음은 시궁창의 밑바닥보다 더 더럽고 너절하다. 제 마음을 스스로 더럽히지 않으려면 사람에 관해서는 말하지 않는 것이 좋다는 게다.

 남을 험담하는 사람과 함께 있을 때 맞장구를 치면 서로 잘못을 나누어 갖게 된다. 차라리 입을 다물고 있으면 험담하던 잘못을 절반으로 줄일 수가 있다. 왜냐하면 험담하던 사람이 부끄러움을 느끼고 쑥스러워하는 순간을 만들어 줄 수 있기 때문이다.

 말을 꾸미고 겉치레를 일삼는 사람은 이해득실을 놓고 저울질하기를 좋아하는 사람이다. 자기 쪽만 유리하도록 저울의 눈금을 놓게 되면 속임수를 부릴 수밖에 없다. 그래서 지나친 칭찬은 꾸지람만 못하고, 지나친 예의는 수수함만 못하다는 게다. 솔직하고 진솔한 마음은 항상 있는 그대로여서 번거롭지 않고 변덕을 부릴 줄 모른다. 마음 통이 하나의 피리라면 구멍이 없는 편이 좋고, 마음이 하나의 가야금이라면 줄이 없는 것이 더욱 좋다고 한다.

【 채근담의 말씀 】

만남은 기약 없이 만나는 것이 진솔하고, 마중도 없고 배웅도 없이 손님을 맞이하면 서로 편하다(會以不期約 爲眞率 客以不迎送 爲坦夷). (후 96)

제 몫을 앞세우면 잃는다

 옷에는 호주머니가 없을수록 좋고, 있다면 작을수록 좋다. 왜 이런 말이 생겼을까? 마음이 욕심 보따리가 되면 궁해질 수밖에 없는 이치를 그렇게 말해 놓은 셈이다.

 사나운 욕심은 성능 좋은 접착제처럼 마음을 붙여 버리게 한다. 마음이 딱 붙어 있으면 하나만 알고 둘은 모른다. 그래서 사나운 욕심에 집착(執着)하면 봉사가 된다. 집착하면 사는 일을 외곬으로 몰아가 막다른 골목을 향해 치닫는다. 이는 달걀로 바위를 치는 꼴이다. 사나운 욕심은 언제나 끝에 가면 깨지는 까닭이다.

 산천에 나가서는 그저 산에 사는 초목을 즐기면 된다. 초목이 베풀어 주는 상큼한 공기를 마시고 고마워하면 자유를 누릴 수 있다. 즐거운 자유 그것이 곧 행복이다. 행복은 욕심에서 멀수록 가깝고, 욕심에서 가까울수록 그만큼 멀어진다. 그러므로 산천에 나가 행복을 누리려면 복부인이 되려는 생각을 멀리하면 된다.

 자녀를 제대로 키우려는 어버이의 마음은 사랑으로 통한다. 하지만 자녀를 일류로 키우려고 몸부림치는 부모의 마음은 욕심으로 통한다. 욕심을 부리는 부모는 제 자녀를 시켜 덫에 걸려 있는 미끼를 물어 버리게 채근대는 것과 다름이 없다.

욕심의 덫에 달린 미끼를 물면 어떻게 될까? 이렇게 자문할 줄 알면 욕심이란 덫을 걷어 낼 수 있다.

【 채근담의 말씀 】

대개 마음이 물들지 않으면 현실이 곧 낙원이고, 마음에 집착하면 낙원도 지옥이 된다(蓋心無潔著 欲界是仙都 心有係戀 樂境成苦海矣). (후 37)

믿으면 의심은 사라진다

편하기만을 바라는 마음보다 더 게으른 것은 없다. 힘든 일을 마다않고 끌어안는 마음보다 더 부지런한 것은 없다. 부지런하면 선은 저절로 따라오고, 게으르면 악은 다투어 따라 붙는다. 구르는 돌에는 때가 끼지 못한다.

마음이 성실한 사람은 성실하라고 말하지 않는다. 게으름을 피우는 마음이 성실을 입에 달고 변명의 방패막이로 삼을 뿐이다. 맡은 바 일을 게을리하는 사람은 잔꾀를 찾는다. 잔꾀는 약은 짓에 불과하고 긴 꼬리를 남긴다. 그러나 꼬리가 길면 잡히는 법. 게으른 마음은 어디서나 눈칫밥만 산다.

성실(誠實)하면 충실(忠實)하다. 성(誠)은 마음속에 부끄러움이 없음을 뜻하고, 충(忠)은 마음속에 간절함이 있음을 뜻한다. 잘 익은 수박은 달고 시원하지만 설익은 수박은 텁텁하고 비리다. 이처럼 성실은 잘 여문 열매와 같고, 충실은 여문 열매의 향기와 같다. 믿음이란 성실한 마음이 풍겨 주는 향기와 같다.

사람을 의심하는 마음에는 악이 꼬리를 친다. 그러면 마음속은 성난 바다처럼 파도를 치기 시작한다. 왜 도둑이 제 발소리에 놀란다고 하는가? 못된 짓을 범했으므로 온 세상을 의심하는 까닭이다. 그러니 사람을 믿는 마음은 항상 산산하고 평온하다. 세상이 거짓투성이로 상처를 입고 있을지라도 자신만은 성실하고 충실한 까닭이다. 이처럼 의심은 스스로를 못나게 하고, 성실은 스스로를 듬직하게 한다.

【 채근담의 말씀 】

사람을 믿는 것은 남들이 성실치 못하더라도 자신만은 성실한 때문이요, 사람을 의심하는 것은 남들이 속이는 것이 아닐지라도 자신이 먼저 속이는 까닭이다(信人者 人未必盡誠 己則獨誠矣 疑人者 人未必皆詐 己則先詐矣). (전 162)

자만과 시샘은 이웃이다

 들쥐가 독수리의 날개를 부러워하면 제 목숨을 부지하지 못한다. 하늘에서 독수리가 빙빙 돌면 들쥐는 제 굴 속으로 들어가 숨을 줄 안다. 들쥐가 독수리를 피한다고 비굴한 것은 아니다. 들쥐는 제 분수를 알고 알맞게 처신한 것뿐이다.
 참새가 거미줄을 채고 나간다고 해서 거미는 아쉬워하지 않는다. 다시 벌레를 잡기 위하여 밤새도록 새 거미줄을 칠 뿐이다. 거미 또한 제 분수를 알아서 제 할 일을 하는 것이다.
 그러나 사람은 제 분수에 맞게 생각하거나 처신하기를 꺼리는 유일한 동물이다. 자기와 남을 서로 비교해서 잘나면 자만하고, 못났으면 시샘하는 버릇이 인간을 초라하게 한다. 앉을 자리를 살펴 발을 뻗어라. 이런 속담의 숨은 뜻을 헤아리기 싫어하는 사람은 염치를 모른다.
 염치없는 짓은 지나치거나 처질 때 빚어진다. 간사한 입질로 상대편의 속을 떠보려는 사람에게는 눈을 감고 귀를 막고 입을 다물어 두는 편이 낫다. 코앞에서 칭찬을 늘어놓는 사람에게 우쭐해하면 뒤돌아가서는 험담의 담보가 된다는 것을 잊지 말아야 한다.
 생각과 행동이 마주칠 때 수분(守分)을 잊지 말라고 성현들이 타일러 놓았다. 수분은 겸허하라는 말이고 진실하라는 말이다.

오만하고 건방지면 생각과 행동이 허세를 부리게 되고, 그 허세는 사람을 망신스럽게 한다. 자기를 대견하게 하는 것도 자신에게 달렸고, 자신을 추하게 하는 것도 제 하기에 달려 있다. 이런 사실을 알고 있다면 제 분수를 알고 염치를 차리며 사는 셈이다.

【 채근담의 말씀 】

내 장점을 앞세워 남의 단점을 들추지 말 것이며 나의 졸렬함 때문에 남의 유능함을 시샘하지 말 것이다(毋以己之長而形人之短 毋因己之拙而忌人之能). (전 120)

검소하면 자유롭다

 손가락을 빛나게 하는 보석을 도둑맞지 않으려고 온갖 신경을 쓰면 마음이 불편하기 짝이 없다. 비싼 보석이라고 자랑을 하면 스스로 도둑을 불러들이는 꼴이 될 수도 있다.

 마음에 병이 든 한 여인이 손가락을 쑥불에 태워 잘라 버렸다는 스님을 만나려고 절을 찾아왔다. 스님이 그 여인에게 왜 왔느냐고 묻자 마음에 병이 들어 스님을 찾아왔다고 했다. 이에 스님은 절에는 중이 있으니 병원에 가야 의사가 있지 않느냐고 응했다. 그러자 한 손을 손가방으로 가리고 있던 여인이 대뜸 스님에게 물었다.

 "왜 스님은 손가락을 태워 없앴습니까?".

 "그걸 왜 물으시오?"

 "값비싼 보석과 함께 손가락 하나를 잘려 도둑맞아 원통해 병이 들어서 그럽니다."

 그러면서 여인은 아름답던 손이 병신이 되어 버려 죽을 지경이라며 손가락 하나가 잘려 나간 손을 스님에게 보였다.

 "손가락채로 보석 반지를 훔쳐 달아난 도둑이 미워 병이 드셨군요? 그 도둑이 밉다면 병을 앓아야지요. 하지만 손에 손가락이 하나 없어지면 가벼워서 좋고, 보석 반지를 낄 손가락이 없어졌으니 마음이 편해 좋다고 여긴다면 그 병은 순식간에 낫겠

지요. 그 병을 고쳐 줄 부처도 없고, 중도 없고, 의사도 없어요. 손가락 하나가 잘려 병신 손이라며 감추고 한평생 살 작정이라면 집에 돌아가 병을 앓으면 될 것이오. 돌아가시오."

 그 여인은 집으로 돌아가 "손가락이 하나 없어져 그만큼 손이 가벼워졌다"는 말을 곰곰이 새겼고, "반지를 낄 손가락이 없어졌으니 마음 편하다"는 말을 차근차근 짚어 보았다. 마침내 그 여인은 수수하게 살면 앓을 병이 거의 없다는 것을 깨우쳤다.

【 채근담의 말씀 】

사람들은 꼬리에 불 붙은 소처럼 줄달음치고, 바람난 말처럼 유혹에 빠져 제 마음을 여유롭게 할 줄 모르니 어찌할 것인가(人奈何驅以火牛 誘以風馬 而不思自適其性哉). (후 67)

모나게 분별하지 않는다

이것은 이것이고 저것은 저것이다. 이렇게 단정하는 것은 마음 쓰기를 멈추게 한다. 사람의 몸을 배라고 한다면 마음은 물이다. 물길이 제대로 흘러야 물이 맑고 갈 길을 튼다. 고인 물은 썩는다고 한다. 매사에 마음을 제대로 쓰지 않으면 일이 마음을 썩게 하기 쉽다.

마음을 썩히는 것은 한 가지 일에 매달려 갈피를 잡지 못할 때를 두고 말한다. 지나치게 분별을 일삼는 마음은, 깨끗한 것은 항상 깨끗하고 더러운 것은 항상 더러운 것이라고 단정해 버린다. 그러나 성급하게 단정하면 마음은 그 자리에서 멈춰 버리고 고인 물처럼 된다.

샘물을 마시면 오줌이 된다. 그렇다고 해서 샘물은 깨끗하고 오줌은 더럽다고 할 것 없다. 그런 단정은 오로지 사람들이 할 뿐이다. 자연은 그런 단정을 모른다. 채소는 오줌을 무엇보다 달게 마신다. 그렇다면 채소는 더러운 것일까? 김치가 된 배추가 오줌을 먹고 튼실하게 자랐다는 생각을 하게 되면 무엇을 놓고 깨끗하다 더럽다 단정할 것이 못됨을 깨우칠 수가 있는 일이다.

마음이 넓고 깊은 사람은 함부로 분별해 마음을 고집스럽게 정하지 않는다.

나름대로 진실을 깨우칠 때까지 마음을 흐르는 물처럼 간직하면 분별이 빚어내는 실수를 면할 수 있다.

【채근담의 말씀】

배우가 분 바르고 연지 찍어 붓 끝으로 아름다움을 드러내고 추함을 감춘다 한들 연극이 끝나고 나면 곱고 미운 것이 어디 있을 것인가(優人傳粉調硃 淸姸醜於毫端 俄而歌殘場罷 姸醜何存). 주(硃) 연(姸) 호(毫) 잔(殘) 추(醜) (후 99)

사랑에도 좁고 넓음이 있다

 옛 성현들은 하나같이 하늘을 섬기라[事天]고 했다. 사천(事天)의 그 하늘[天]은 무엇을 뜻할까? 구름이 떠 있고 별이 빛나는 허공을 말하는 것은 아니다. 나를 빼놓은 모든 것을 하늘이라고 생각한다면 옛 성현들의 말씀에 좀 더 가까울 뿐이다.

 천리(天理)는 온갖 만물이 서로 어울려 있는 이치를 말한다. 하늘을 섬기라는 말은 천리에 따라 살라는 말과 서로 통한다. 공기가 없으면 어떻게 살고, 물이 없으면 어떻게 살며 먹을 것이 없다면 어떻게 살 것인가? 어느 생물이든 숨을 쉬고 마시고 먹어야 산다. 그렇다면 공기를 섬기고 땅을 섬기며 물을 섬기는 마음은 곧 하늘로 통한다.

 천지는 누구의 것도 아니다. 만물은 서로 어울려 머물다 가는 여인숙과 같다고 했다. 왜냐하면 모든 것은 있으므로 없어지는 운명을 타고났기 때문이다. 그러나 인간은 한사코 이러한 운명을 거역하려고 한다. 그래서 하늘을 무서워하고 두려워하라는 말씀이 생긴 것이다.

 하늘을 얕보고 무시하려는 마음을 욕심이라고 한다. 욕심은 무엇이든 제 것으로 소유하려고 유혹한다. 왜 인생을 고통이라고 하는가? 욕심의 노예가 되어 서마나 허튼짓을 막을 줄 모르는 까닭이다. 사나운 욕심은 나를 꽁꽁 동여매는 동아줄이다.

그 동아줄을 잘라 나를 자유롭게 하려면 욕심의 늪에 빠지지 않으면 된다. 맡은 바 일에 열성을 다하는 사람은 욕심을 부리지 않아 거두어들일 것이 있지만 헛된 욕심을 부리면 모든 것을 잃고 신음하고 괴로워한다.

【채근담의 말씀】

욕심의 길은 매우 좁다. 잠시라도 발을 거기에 들여놓으면 눈앞이 모두 가시덤불이고 진흙탕이다(人欲路上甚窄 纔奇迹 眼前俱是荊棘泥塗). 착(窄) 재(纔) (전 73)

유별날수록 목숨이 짧다

 소나기는 반나절을 견디지 못한다. 빗방울이 유별나게 쏟아지는 까닭이다. 그러나 가랑비는 느리지만 온종일 내린다. 돌개바람은 한순간을 버티지 못한다. 한몫에 유별나게 불어제치고 말 뿐이다. 그러나 산들바람은 무시로 불어도 그칠 줄 모른다. 평범할수록 오래가고 유별날수록 숨이 짧다.

 원숭이가 나무 타는 재주 하나만을 뽐내면 벼랑에서 떨어져 죽는 법이며, 표범이 제 털빛을 자랑하면 포수의 사냥감이 되는 법이다. 물속의 피라미는 헤엄치는 재주를 자랑하다 족제비 밥이 되지만 미꾸라지는 흙속으로 숨을 줄 알아 생명을 건진다. 이처럼 유별나면 재앙을 부르고 평범할수록 순탄하다.

 유행에 신경을 쓰는 사람은 일회용 종이컵과 다를 바가 없다. 한 번 쓰고 버림받을 짓을 한사코 하면 제 눈으로 세상을 보고 제 귀로 세상을 들을 줄 몰라 허깨비처럼 남의 눈치만 볼 뿐 스스로 재주꾼들의 소모품이 된다.

 음모는 유별나므로 탄로가 되어 재앙을 부르고, 괴상한 버릇은 남들의 시선을 끌 수는 있지만 신용을 잃기 쉽고, 이상한 행동은 발길을 멈추게 하지만 미치광이로 대접을 받게 하며, 야릇한 재주는 모가 나서 외다리 가운데서 뒤놀아올 수 없게 된다.

 개성은 유별난 것이 아니다. 제 귀로 들을 줄 알고 제 눈으로 볼 줄 알고 제 마음을 쓸 줄 알 때 개성은 수수한 풀꽃처럼 향기로워진다. 개성은 마음속에 간직하는 것이지 밖으로 드러내는 깃발이 아니다. 괴상하고 이상하며 야릇한 것은 인생을 재앙으로 몰아가는 씨앗들이다.

【 채근담의 말씀 】

다만 하나의 평범한 덕행이 혼돈을 완전히 하여 평화로움을 불러 준다(只一個庸德行便可以完混沌而召和平). (전 181)

행복을 부르지 마라

 무지개를 쫓는 소년보다 멀리서 무지개를 바라보고 감탄하는 소년은 행복하다. 찬란한 꿈일수록 잡으려고 하면 발걸음이 숨가쁘지만 그것을 멀리 두고 바라보면 걸음걸음이 사뿐하다.

 일복이 많다고 자랑하면 복은 껍질만 남는다. 한꺼번에 이 일 저 일을 저질러 놓고 일복이 많다고 자랑하면 소문난 잔칫집처럼 실속이 없다. 복이란 하는 일을 정성 들여 마감했을 때 오는 즐거움이요, 성취감이다. 일을 정성껏 하자면 한 가지 일에 몰두해야 한다.

 맡은 바 일에 몰두하는 사람은 행복을 부르지 않는다. 행복이란 지나다가 들르는 손님도 아니고, 부르면 오는 심부름꾼도 아니다. 하는 일마다 귀하게 여기면 행복이요, 하는 일마다 천하게 여기면 그것이 곧 불행이다. 그래서 노름꾼의 손에는 불행이 잡혀져 있고, 일터에서 땀 흘리는 일꾼의 손에는 행복이 담겨져 있는 법이다.

 누가 행복을 바라지 않을 것이며 누가 불행을 원할 것인가? 행복하고 싶다면 지금 당장 하고 있는 일에 몰두할 것이요, 불행하고 싶다면 둔전거리며 꽁무니를 빼고 게으름을 피우면 된다.

 요행을 바라는 사람은 재앙의 틈을 잡는 짓이고, 이런 생각 저런 생각으로 마음을 애태우는 사람은 스스로 도둑질을 하고 있는 것과 같다. 흩어진 마음은 황량한 벌에 부는 먼지 바람 같은 것이며 마음이 단촐해 간명한 사람은 행복의 주인이 된다.

> 【 채근담의 말씀 】
>
> 일이 적은 것보다 더 행복한 것은 없고, 마음을 여러 갈래로 쓰는 것보다 더한 불행은 없다(福莫福於少事 禍莫禍於多心). (전 49)

마음속을 밝게 하라

 빈 방에는 햇살이 그득하다. 그러나 무엇으로 가득한 방은 햇살이 들어갈 틈이 없다. 햇살이 들면 곰팡이는 사라지고, 햇살이 들지 못하면 곰팡이가 기승을 부린다.
 빈 방 같은 마음속은 언제나 밝고 명랑하다. 그러나 가득 찬 방과 같은 마음속은 어둡고 침울하다. 왜 마음을 꼭꼭 닫아 두고 어둡게 하는가? 그런 마음속에는 감출 것이 많고 숨길 것이 많은 까닭이다. 그래서 마음을 밝게 하려면 도둑질을 멀리하라는 게다.
 밤손님만 도둑인 것은 아니다. 남의 물건을 훔치는 도둑은 법이 잡지만 마음속에서 저질러지는 도둑질은 남들이 어찌할 수가 없다. 불교에서 말하는 선(禪)이란 무엇일까? 마음속에 숨어 있는 도둑을 잡기 위하여 불을 켜는 것이라고 여겨도 틀릴 것은 없다.
 속임수를 쓰고 수작을 부리는 마음은 납덩이처럼 무겁다. 남을 속이려면 먼저 자신을 도둑으로 만들어야 하는 까닭이다. 도둑질해 놓고 당당할 인간이 있다면 그는 세상을 도둑의 소굴처럼 생각하는 자다.
 방 안이 답답하면 방문을 열어 찌든 공기를 밖으로 내보내듯이 마음이 엉큼한 수작을 부리려고 하면 벌떡 일어나 밖으로 나가 상쾌한 바람을 맞고 맑은 하늘에 떠 가는 구름을 볼 일이다. 그러면 마음속에 피어나던 엉큼한 곰팡이는 햇살을 받아 사라지게 될 것이다.

【 채근담의 말씀 】

마음속이 어두우면 비록 선을 말하고 깨우쳤다고 노래한들 정신을 희롱하는 헛수고에 불과하다(心地沈迷 縱談禪演偈 總是播弄精塊). 게(偈) (후 83)

시간을 미루면 꾀가 생긴다

오늘 못하면 내일 하지. 이렇게 미루면 일은 일대로 남고 시간은 시간대로 흘러가 버린다. 시간은 멈추지도 않고 기다려 주지도 않는다. 흘러가는 물에서는 같은 물로 두 번 발을 씻지 못한다. 이처럼 시간은 한번 흘러가면 다시는 되돌아오지 않는다.

손목 시계가 시간을 나타낸다고 말하지 말라. 그것은 시간이 흘러가는 자국을 뒤밟게 할 뿐이다. 지금 이 순간은 평생에 단 한 번밖에 없다. 그래서 촌음(寸陰)을 아끼라고 했다. 눈 한 번 깜박한 사이도 아까운 순간이므로 헛되게 보내지 말라 함이다.

그러나 사람은 시간을 미루며 핑계 대는 꾀를 부린다. 미루는 짓보다 더 무서운 시간의 도둑은 없다. 하루살이도 제때를 놓치지 않고, 어느 초목이든 철 따라 해야 할 일을 어김없이 한다. 오직 인간만이 빈둥거리며 잔꾀를 부리고 시간을 잡아먹은 다음 시간이 없어 못했다고 변명을 늘어놓는다. 변명은 구실을 찾고, 구실은 거짓의 꼬리를 달게 된다. 마음이 그러한 꼬리를 달게 되면 사람은 싱거워지고 천하게 된다.

일해야 한다는 생각은 게으름의 징후일 뿐이다. 일할 생각보다 일을 하는 것이 마음을 편하게 한다. 미루면 미룰수록 마음은 무거운 짐에서 헤어날 수 없다. 이러한 지경을 번뇌라 하고 고통이라 하며 부자유라고 한다.

마음이 무겁지 않고 가벼워지려면 제때를 놓치지 말고 곧바로 할 일을 하고 철 늦은 짓을 하지 않아야 한다. 이렇게 하면 마음은 저절로 개운해지게 마련이다. 참으로 개운하고 상큼한 마음을 누린다면 그것이 곧 해탈이자 해방이며, 자유이고 행복이다. 그래서 이른봄에 해바라기꽃을 찾지 말라는 게다.

 쉬는 것과 빈둥거리는 것은 다르다. 오직 열심히 일한 사람만이 쉴 수 있을 뿐 놀기를 좋아하는 사람은 쉴 시간이 없는 법이다. 온종일 땀 흘리며 보낸 사람은 밤에 악몽을 꾸지 않는다. 그러나 빈둥거리며 하루를 보낸 사람은 잠자리를 설친다. 별별 몹쓸 생각으로 갖은 음모를 꾸미면서 악몽의 가위눌림에 시달리며 밤을 보낸다. 이 얼마나 불행한가! 한밤을 둥지에서 푹 쉬고 아침거리를 찾아 나온 들새는 빈둥거리거나 할 일을 미루지 않는다.

【채근담의 말씀】

지금 당장 쉬어 버리면 쉴 수 있겠지만 깨달을 때를 맞아 깨닫지 못한다면 깨달을 때는 없다(如今休去 便休去 若覓了時 無了時). (후 15)

탓하지 않고 뉘우친다

 잘되면 내 덕이고 못되면 네 탓이다. 이렇게 마음을 쓰는 사람은 설거지 통 속의 구정물처럼 너절하고 추하다. 시궁창이 왜 썩는 냄새를 피우는가? 구정물에 실려 온 찌꺼기가 고여 있는 까닭이다. 찌꺼기 같은 인간이 탓을 하고 허물을 찾아 남의 약점만 노린다.

 한탄할수록 어리석어지고 탓할수록 못나게 된다. 그러나 항상 스스로 마음을 살피는 사람은 도둑의 소굴에 들어서도 한 패거리가 되지 않는다. 일이 잘되면 감사하는 마음을 갖고, 일이 잘못되면 잘못되었음을 알고 뉘우치면 단번에 성공한 것보다 오히려 낫다.

 한가할 때 빈둥거리지 않고 생각을 깊이 해 둔다면 그 생각들은 바쁠 때 둘도 없는 길잡이가 되어 준다. 다시 말하자면 덕을 쌓아야 빛을 본다는 게다. 바른 생각은 덕을 불러오고 그른 생각은 덕을 물리친다. 그러므로 한가한 때를 반성하는 순간으로 맞이하는 사람은 덕을 쌓게 된다.

 반성하면 누구나 자기를 만난다. 내가 나를 만나는 순간은 세상에서 가장 좋은 선생이 있는 교실로 안내한다. 나를 가장 절실하게 가르칠 수 있는 선생은 바로 내 마음속에 있음을 깨우치는 순간을 성찰(省察)이라고 한다. 성찰하면 덕은 내 마음속을 밝게 비추어 준다. 그러면 답답하고 막막하던 나는 훤한 길을 틀 수 있는 새로운 마음을 얻는다. 이 얼마나 행복한 승리인가!

> 【 채근담의 말씀 】
> 암담할 때 속이고 숨기는 짓이 없으면 밝은 곳에서 보람을 받아 누릴 수가 있다(暗中不欺隱 明處有受用). (전 85)

큰사람은 누구인가?

 달면 삼키고 쓰면 뱉는 사람은 작다. 그러나 달면 나누고 쓰면 삼키는 사람은 크다. 몸집이 크다고 큰사람이 아니다. 도량이 넓고 깊어야 큰사람이다. 그래서 신선은 좁쌀보다 작다고 한다.
 명성이나 이익을 두고 남보다 앞서지 않으면 큰사람이고, 덕을 베풀 때 다투어 앞서면 큰사람이다. 남을 이용하면 그 남이 나를 두 배로 이용하지만 남을 한번 도와주면 그는 두 배로 나를 도와준다. 그래서 큰사람은 결코 손해보는 짓을 않는 셈이다. 다만 큰사람은 명성이나 이익을 두고 다투지 않을 뿐이다. 그러나 작은 사람은 명성과 이익을 놓고 다투기 때문에 다리 위의 개처럼 짖다가 입에 물고 있던 고깃덩이를 물속으로 떨어뜨리고 마는 어리석은 짓을 범한다.
 큰사람은 입에 문 고깃덩이가 크든 작든 관여 않고 만족한다. 만족이란 무엇인가? 받을 때는 인색하고 베풀 때는 후한 것을 두고 만족의 샘물이라고 한다. 그래서 만족할 줄 알면 큰사람이다. 마음이 넉넉한 사람보다 더 부유한 사람은 없다.

【 채구담의 말씀 】

은혜를 받아 누릴 때는 분수에 넘쳐서는 안 되고 자신을 닦아서 행함에는 분수를 줄여서는 안 된다(受享毋踰分外 修爲毋減分中). (전 16)

너그럽고 두터워라

 생각이 옹졸한 사람은 천지에 자기만 있는 줄 착각하기 쉽다. 그러나 산다는 것은 만물이 더불어 어울려야 가능하다. 내가 하는 일은 나를 위함이기도 하지만 남을 위함이기도 하다. 그러나 옹졸한 생각은 깊지 못해 세상을 옹색하게만 보고 자기밖에 모른다. 나만 살면 그만이라는 마음보다 더 무서운 악은 없다.

 생각이 너그럽고 두터운 사람은 천지가 서로 어울려 산다는 것을 헤아린다. 모두가 제대로 산다면 사는 곳이 곧 둥지요, 보금자리다. 이렇게 여기는 마음은 봄바람처럼 훈훈하고 도탑다.

 옹색한 생각이 겨울바람이라면 너그러운 생각은 봄바람이다. 봄바람이 불면 얼었던 물이 녹지만 겨울바람이 불면 흐르던 물이 얼어 멈춘다. 이처럼 따뜻하면 풀고 차가우면 맺는다.

 세상을 답답하게 묶을 것은 없다. 세상을 트고 훤하게 해 둘수록 좋다. 세상을 답답하게 할수록 삶은 옹색해지고, 세상을 틀수록 삶은 넉넉해진다. 넉넉한 마음은 물길 같아 막힘이 없지만 옹색한 마음은 꽁꽁 얼어붙어 버린다. 마음이 메말라 딱 붙어 버린 사람보다 더 추하고 천한 것은 없다.

【 채근담의 말씀 】

생각이 너그럽고 두터운 사람은 봄바람이 만물을 따뜻하게 기르는 것과 같아 만물이 살아난다(念頭寬厚的 如春風照育 萬物遭之而生). (전 163)

한가할 때 다급할 때를 생각한다

 겨울 동안 추위에 떨다가 봄이 되어 겨울옷을 마련하는 것보다 더 어리석은 짓은 없다. 겨울이 닥치기 전에 겨울을 생각하는 사람은 그러한 어리석음에 걸려들지 않는다.

 전쟁이 없다고 놀아 버린 병졸은 전쟁이 나면 풍비박산나고 만다. 전쟁이 일어나지 않았을 때 땀 흘려 훈련을 쌓아 둔 군대는 전쟁이 나도 당황하지 않고 제 몫을 다하게 된다.

 봄 산천에는 가을 국화가 없다. 그러나 국화는 가을 꽃송이를 피우려고 봄부터 온갖 일을 마련한다. 가을엔 진달래가 피지 않는다. 그러나 진달래는 가을부터 봄에 꽃을 피우려고 할 일을 미루지 않는다.

 미리미리 할 일을 살펴 해 둔다면 급하다고 서둘지 않고, 한가롭다고 빈둥거리지 않는다. 마음이 깊은 사람은 그렇게 함으로 변함없이 살아가고 탈이 없다.

【 채근담의 말씀 】

군자는 한가로울 때 민첩한 마음을 마련해 두어야 하고, 바쁜 곳에서 느긋한 마음가짐의 취향을 맛보아야 한다(君子閒時 要有喫緊的心思 忙處要有悠閒的趣味). (전 8)